Peter Dehoust: Zwangsarbeiter – Lüge & Wahrheit

Peter Dehoust

Zwangsarbeiter – Lüge & Wahrheit

Nation Europa Verlag GmbH
96414 Coburg

2000
1. Auflage

© Nation Europa Verlag GmbH, 96414 Coburg, Postfach 2554

Printed in Germany / Eigendruck

ISBN 3-920677-48-X

Inhaltsverzeichnis

Zur Quellenlage

Um gute Lesbarkeit zu gewährleisten, wurde dieses Buch von Fußnoten und Querverweisen auf einen wissenschaftlichen Anmerkungsapparat freigehalten. Die Quellen besonders wichtiger Zitate sind jeweils im Text vermerkt. Allgemeine zeitgeschichtliche Angaben entstammen der Fachliteratur. Herangezogen wurden insbesondere folgende Bücher:

Ulrich Herbert: Fremdarbeiter / Politik und Praxis des ‚Ausländer-Einsatzes' in der Kriegswirtschaft des Dritten Reiches. Verlag J. H. W. Dietz Nachf., Bonn 1999.

Klaus Barwig, Günter Saathoff, Nicole Weyde (Hrsg.): Entschädigung für NS-Zwangsarbeit / Rechtliche, historische und politische Aspekte. Nomos Verlagsgesellschaft, Baden-Baden 1998.

Werner Rings: Leben mit dem Feind / Anpassung und Widerstand in Hitlers Europa 1939–1945. Kindler-Verlag, München 1979.

Paul Carell/Günter Böddeker: Die Gefangenen / Leben und Überleben deutscher Soldaten hinter Stacheldraht. Ullstein Verlag, Berlin 1980.

Hans Mommsen mit Manfred Grieger: Das Volkswagenwerk und seine Arbeiter im Dritten Reich. ECON Verlag, Düsseldorf 1996.

Anton Zischka: War es ein Wunder? Zwei Jahrzehnte deutschen Wiederaufstiegs. Mosaik-Verlag, Hamburg 1966

Peter Dehoust: So nicht, Herr Bubis / Eine deutsche Antwort. Nation Europa Verlag, Coburg 1999.

Weitere Zitate und Daten lieferten die Tagespresse und politische Magazine wie „Spiegel" und „Focus".

Wieder einmal kapituliert

Des einen Freud, des anderen Leid und Last: Die deutsche Kapitulation vor US-jüdischen Forderungen zur Lohnnachzahlung an ehemalige Fremdarbeiter veranlaßte Otto Graf Lambsdorff im Dezember 1999 zu dem Entzückensruf: „Das ist mein schönstes Weihnachtsgeschenk."

Zumindest ein teures Geschenk. Es kostet die Deutschen zehn Milliarden Mark, plus 500 Millionen Spesen. Wieviel davon auf die Bemühungen des Grafen entfallen, war nirgendwo zu lesen. Was aber die beteiligten US-Anwälte und ihre deutschen Kollegen an solchen Transaktionen verdienen, läßt das Wort „Weihnachtsgeschenk" in hellstem Lichterglanz erstrahlen. Einträglichere Mandate gibt es nicht.

In den Verhandlungen spielte keine Rolle, daß die deutsche Staatskasse massiv überschuldet ist, überall gespart werden müßte und die Wirtschaft in einem ruinösen Globalisierungswettkampf steht. Nein, wir haben dankbar zu sein, daß man unser Geld überhaupt nimmt.

Der frühere SPD-Vorsitzende Hans-Jochen Vogel schoß selbigen ab, als er deutschen Firmen drohte, sie würden hierzulande boykottiert werden, wenn sie nicht freiwillig zahlten. Irgendwie muß sich hier der HJ-Führer in Vogel zurückgemeldet haben: Die Parole „Deutsche, kauft nicht bei Deutschen!" ist, leicht abgewandelt, so neu ja nicht.

Wem übrigens Milliarden-Zahlen zu abstrakt sind: eine Milliarde, das sind 1 000 Millionen. Zehn Milliarden, das sind 10 000 Millionen.

Zum Vergleich schauen wir uns, ganz aktuell, den Bundeshaushalt des Jahres 2000 an. Dort schlagen zu Buche: elf Milliarden Mark für Familienförderung, 7,4 Milliarden für Finanzpolitik, 7,1 Milliarden für Entwicklungshilfe, ebenfalls 7,1 Milliarden für die gesamte Innenpolitik und 3,5 Milliarden für den Auswärtigen Dienst. Für Bildung und

Forschung, woraus sich die Zukunftsfähigkeit unseres Landes ableitet, sind ganze 14,6 Milliarden angesetzt.

Hieraus ergibt sich der Stellenwert jener zehn Milliarden Mark, die nun – plus Honorar- und Verwaltungskosten – neuerlich für Kriegsreparationen ausgegeben werden. Fünf Milliarden soll die deutsche Wirtschaft aufbringen, fünf weitere Milliarden schießen der Bund und die Länder zu. Genauer betrachtet, liegt der Staatsanteil allerdings bei rund 75 Prozent der Gesamtsumme, weil die Unternehmen ihren Beitrag als „Betriebsausgabe" von der Steuer abziehen können.

Zahlen, selbst wenn man pleite ist

Angegangen werden auch Betriebe, die es im Dritten Reich noch gar nicht gab. Sogar die erst vor ein paar Jahren gegründete Deutsche Telekom will „aus Solidarität mit der Industrie" zahlen, wie der Vorstandsvorsitzende Ron Sommer erklärte, ohne vorher mit den Aktionären gesprochen zu haben. Es ist eben leicht, über anderer Leute Geld zu verfügen, wobei wir angesichts gleichen Verhaltens deutscher Manager nicht überbewerten müssen, daß Sommer zufälligerweise aus Israel stammt.

Kräftig berappen soll zum Beispiel auch das Bauunternehmen Philipp Holzmann. Es hatte im Dritten Reich besonders viele Ausländer unter Vertrag, eine Tradition, die noch heute beanstandungslos gepflegt wird. Ende 1999 stand Holzmann gleichwohl kurz vor der Pleite. Die Banken wollten bereits den Kredithahn zudrehen. Dann aber wäre der versprochene Millionen-Beitrag zum Entschädigungsfonds ebenfalls unter die Räder gekommen. Das durfte nicht sein. Der Bundeskanzler höchstpersönlich griff ein, versprach einen Bundeszuschuß von 250 Millionen Mark. Und die Belegschaft rang sich zu Mehrarbeit und Lohnverzicht durch.

Hatten die Medien zuvor noch Holzmann als Paradebeispiel für die unbewältigte Vergangenheit deutscher Unternehmen vorgeführt, spielten plötzlich die ehemaligen Holzmann-Fremdarbeiter in der Berichterstattung keine Rolle mehr. Der Zusammenhang wäre doch zu

8

Händedruck in Berlin: Nach der Einigung über die Fremdarbeiter-Ent-schädigung freuen sich US-Unterhändler Stuart Eizenstat, Kanzler Ger-hard Schröder und der Beauftragte der deutschen Regierung, Otto Graf Lambsdorff. Die Dame in zweiter Reihe: Ulla Jelpke, Bundestagsabge-ordnete der PDS, jener Partei, die sich bis 1990 SED nannte und deutsche Zwangsarbeiter in die UdSSR deportieren ließ.

peinlich gewesen: einerseits Lohnnachzahlung für Arbeiter, die vor 54 Jahren ausgeschieden sind; andererseits Lohnverzicht derer, die heute malochen müssen. Das hätte auch naiven Beobachtern die Augen geöffnet über die seltsamen Prioritäten deutscher Politik.

Kein ernsthafter Widerstand

Das monatelange Schachern um die Höhe der Lohnnachzahlung für ehemalige Fremdarbeiter entsprach der Regie eines Billigfilms: Das Publikum wußte schon am Anfang, wer gewinnen und wer verlieren wird. Die Guten und die Bösen standen von vornherein fest. Keiner der beteiligten Polit-Schauspieler machte auch nur den Versuch, die Zuschauer ein wenig im Unklaren zu lassen. Alles war genau berechnet und vorhersehbar – bis hin zur letzten Szene, dem Kniefall vor Weihnachten und der Vergebungsbitte des Bundespräsidenten.

Zu keinem Zeitpunkt mußten die Forderungssteller befürchten, daß Deutschland nicht zahlt. Es ging allein um die Höhe des Betrages. Zunächst wollte man „nur" eine Milliarde Mark. Dann kletterten die Forderungen sehr rasch auf zwei, vier, sechs, acht, zehn, zwölf Milliarden. Begrenzt wurde die Skala nach oben eigentlich nur durch die alte Bauernregel, daß man eine Kuh, die man noch weiter melken will, nicht schlachten darf.

Bereits vergessen? Für ehemalige Fremdarbeiter in den Nachfolgestaaten der UdSSR war nach der deutschen (Teil-)Wiedervereinigung schon einmal in Milliardenhöhe gezahlt worden. Der versprochene Schlußstrich blieb aus. Angesichts dieser und ähnlicher Erfahrungen sind sich die meisten Beobachter einig, daß alsbald die Geschichte von vorne beginnen wird.

Irreführung der Öffentlichkeit

Israel Singer, der Generalsekretär des Jüdischen Weltkongresses, meinte denn auch gleich nach der Vereinbarung der jüngsten Zehn-Milliarden-Tranche in einem Interview verheißungsvoll: „Einen Schlußstrich kann und wird es niemals geben." Deutschland trage „für immer die Verantwortung gegenüber dem jüdischen Volk und dem Staat Israel". Diese Verantwortung werde „nie verlöschen". „Niemals!" (Stern, Nr. 52/99)

Von daher ist auch keine Rechtssicherheit gegen neue Forderungen möglich. Schon die jetzt vereinbarten Zahlungen basieren nicht auf geschriebenem Recht, sondern auf politischer „Moral". Fremdarbeiter-Klagen in den USA und in Deutschland waren bis zuletzt von den Gerichten abgewiesen worden. Aus gutem Grund.

Die Behauptung des Grafen Lambsdorff, deutsche Firmen hätten nun „Rechtssicherheit", insbesondere vor Sammelklagen in den USA, ist eine bewußte Irreführung der Öffentlichkeit. Dieser soll eine Art

10

Verhandlungserfolg vorgegaukelt werden. Das von US-Präsident Bill Clinton in Aussicht gestellte „statement of interest" (eine politische Stellungnahme der amerikanischen Regierung) ist aber ohne jede rechtliche Bedeutung. Die US-Verfassung sieht eine besonders ausgeprägte Trennung der Gewalten vor. Richter sind grundsätzlich von Weisungen der Regierung in Washington unabhängig. Allein schon der Versuch einer Einflußnahme würde sich kontraproduktiv auswirken.

Schlimmer noch: Nachdem zwei US-Gerichte Fremdarbeiter-Klagen im September 1999 abgewiesen hatten, kündigten die beiden US-Senatoren Charles Schumer (New York) und Robert Torricelli (New Jersey) eine Gesetzesänderung an. Bis ins Jahr 2010 soll die Zulassung solcher Sammelklagen vor amerikanischen Gerichten gewährleistet werden, ohne Rücksicht auf Zuständigkeit und Verjährung. Nach Presseberichten ist ein solcher Gesetzesantrag durchaus mehrheitsfähig, was mit dem Einfluß der US-jüdischen Lobby zusammenhänge.

Bill Clinton wäre jedenfalls in der Lewinsky-Affäre überaus glücklich gewesen, hätte in Gestalt des Kenneth Starr auch nur ein einziger Staatsanwalt auf ihn gehört. Nicht einmal sein Intimleben vermochte der Präsident vor hochnotpeinlichen Befragungen zu schützen. Die US-Justiz läßt sich nicht kommandieren.

Pandoras Büchse geöffnet

Neue Forderungen liegen schon auf dem Tisch. Nun müsse man sich sofort anderer Gruppen und Teilbereiche annehmen, heißt es. Viel größer als der Komplex der „Zwangsarbeit" sei das Arisierungsproblem. Tausende von jüdischen Betrieben und Betriebsbeteiligungen seien im Dritten Reich zu billig verkauft worden. Hier gehe es um verzinste Gesamtwerte in dreistelliger Milliardenhöhe.

Und weiter: Nachdem man zwar KZ-Haft als solche längst entschädigt habe, müsse nun aber auch noch die Arbeitsleistung der Häftlinge gesondert nachbezahlt werden. Und zwar Gruppe für Gruppe. Jüdische und östliche „Sklavenarbeiter" sind bereits erfaßt. Weitergehen soll es mit Zigeunern, Regimegegnern jeder Art, mit Kommunisten, Deser-

11

teuren, Bibelforschern, Homosexuellen, Asozialen und schließlich wohl auch mit Kriminellen, die eine besonders große Gruppe von KZ-Insassen bildeten.

Zugleich werden deutsche Museen und Kunstsammlungen durchforstet. Was früher einmal in jüdischer Hand war, soll dorthin zurück, auch dann, wenn die jetzigen Inhaber einen ordnungsgemäßen Kauf nachweisen können. Jeder Kauf, so heißt es, sei damals wegen der politischen Machtverhältnisse zumindest moralisches Unrecht gewesen.

Letztlich will man auch in die deutschen Privathaushalte hinein. Dort soll es Möbel von jüdischen Vorbesitzern geben, Möbel, die von Emigranten zurückgelassen und dann von deutschen Finanzämtern zugunsten der Staatskasse versteigert worden waren. Nahezu jede deutsche Familie habe davon profitiert und müsse nun zur Ader gelassen werden.

Auch auf Österreich richtet sich der Blick. Schließlich hätten dort während des Krieges ebenfalls viele Ausländer gearbeitet. Nur: Österreich war damals Bestandteil des Deutschen Reiches. Im Kreis der Forderungssteller hat man nichts dagegen, wenn deutscherseits für denselben historischen Sachverhalt gleich zweifach gezahlt wird: einmal aus der Bundesrepublik Deutschland und ein weiteres Mal aus Österreich.

Streit um die Anteile

Auf Seiten der Zahlungsempfänger hat man nur eine Sorge: „Es kann sein, daß die Aufteilung des Geldes dem Effekt der politischen Kraft, nicht dem der Gerechtigkeit folgt", zitierte „Die Welt" am 18. 12. 1999 den polnischen Vize-Außenminister Janusz Stanczyk. „Dabei", so die ergänzende Vermutung des Blattes, „dürfte der in den letzten Monaten mühsam zugedeckte Streit zwischen den einzelnen Opfergruppen mit voller Wucht aufbrechen".

Unter den Fremdarbeitern im Reich, abgesehen von den KZ-Häftlingen, gab es aber nur einen relativ kleinen jüdischen Anteil. Er wurde in den Verhandlungen als „Kategorie A" an die Spitze gestellt. Schon diese Rangordnung verstörte die Vertreter östlicher Fremdarbeiter-Gruppen, zumal damit eine finanzielle Besserstellung beabsichtigt war.

Aus verhandlungstaktischen Gründen hieß die Parole zunächst: „Wir müssen gegen die Deutschen einig sein." Jetzt brechen die alten Gegensätze und Vorbehalte wieder auf. Einer mißtraut dem anderen. Auf jüdischer Seite kommt hinzu, daß man sich als eigentlicher Sieger der Verhandlungen fühlt. Ohne die Macht des Weltkongresses und ohne die Anwälte der amerikanischen Ostküste hätten sich die Deutschen womöglich sperriger gezeigt. Diese nicht ganz unberechtigte Selbsteinschätzung begründet die Forderung nach einem deutlich überproportionalen Anteil an der Gesamtsumme.

Es hört nicht auf

Unter normalen Umständen obläge den Zahlern die Bestimmung, wer wieviel erhält. Sieht man vom Argument der jüdischen Verhandlungsdominanz ab, spricht beim Thema Fremdarbeiter alles dafür, daß die Masse des Geldes nach Osten fließt. Doch die deutsche Befindlichkeit steht der Wahrnehmung einer solchen Verantwortung entgegen. Lieber schaut man zu, wie sich ein abstoßender Verteilungskampf entwickelt, ein Kampf zudem, der für die Deutschen neue Gefahren beinhaltet. Denn die Unterlegenen könnten sich zu Nachforderungen animiert fühlen. Schon die jetzt vereinbarten Zahlungen waren damit begründet worden, daß frühere Leistungen nicht oder nur in geringem Umfang bei den eigentlichen Adressaten angekommen seien.

Niemand sollte sich also täuschen oder täuschen lassen: Die Deutschen bleiben im Schuldturm, Jahr für Jahr, Generation um Generation, „für immer" (Israel Singer). Es sei denn, die Deutschen wehrten sich und fänden zur Wahrnehmung nationaler Interessen zurück. Sie müssen es, weil sie sich sonst zu Tode zahlen werden.

Sklaverei ohne Wiedergutmachung

777 Billionen Dollar fordern afrikanische Menschenrechtler von den USA und England – als Wiedergutmachung für die Sklaverei. Allein auf englischen Plantagen in der Karibik leisteten aus Afrika verschleppte Schwarze pro Jahr drei Milliarden Arbeitsstunden. „Wir sind weltweit die einzige Gruppe, die noch keine Entschädigungszahlungen erhielt", protestiert aus Ghana die „African World Reparations and Repatriation Truth Commission".

Nach Recherchen des britischen Historikers Hugh Thomas wurden zwischen 1440 und 1870 nachweislich 13 Millionen afrikanische Sklaven verschifft („Spiegel", Nr. 8/98). Kollege Basil Davidson kommt dagegen auf über 50 Millionen Opfer, weil er zur Verschleppung die Toten aus Kriegen und Hungersnöten hinzurechnet. In der Black-Power-Bewegung engagierte Politiker beziffern die Opfer des „schwarzen Holocaust" gar auf 100 Millionen.

„Die Zahlungen der Deutschen an NS-Opfer sind ein Präzedenzfall, der uns enorm hilft", sagt der in den USA lehrende, aus Kenia stammende Politologe Professor Ali Mazrui. Doch die Medien wollen das Thema nicht so recht aufgreifen, zumal Wissenschaftler herausgefunden haben, daß im Sklavenhandel jüdische Händler führend mitmischten. Im US-Kongreß bringt John Conyers, ein schwarzer Abgeordneter aus Michigan, seit 1989 Jahr für Jahr einen Gesetzentwurf zur Wiedergutmachung der Sklaverei ein. Vergeblich. Zur Ablenkung errichteten die USA in Washington ein „Holocaust-Memorial" für die Opfer der NS-Judenverfolgung und drängen Deutschland zu weiteren Zahlungen an Fremdarbeiter, für die man das Wort „Sklaven" wählte. Steinwürfe aus dem Glashaus. ∎

Wiedergutmachung:
Schon 104 Milliarden Mark gezahlt

Es ist ein Wunder: Je länger der Zweite Weltkrieg zurückliegt, desto heftiger tobt die Wiedergutmachungsdebatte und desto höher werden die Ansprüche. Jahr um Jahr melden sich neue Forderungssteller, die von den Deutschen Geld haben wollen. Ein Ende ist nicht in Sicht. Dabei hatte es mit jedem neuen Entschädigungsgesetz geheißen, dies nun sei die heiß ersehnte Abschlußregelung; danach könne man sich endlich den Problemen der Gegenwart und Zukunft zuwenden. Doch der versprochene Schlußstrich kam nie. Im Gegenteil. Das Karussell der Vorwürfe und Forderungen drehte sich immer weiter und immer schneller. Es wird sich auch über die Jahrhundert- und Jahrtausendwende hinaus weiterdrehen; nichts und niemand scheint es aufhalten zu können. Und aufhalten zu wollen.

Der Historiker Lutz Niethammer, der auch in den Verhandlungen über die Zwangsarbeiter-Entschädigung als Berater fungierte, bezeichnet das deutsche Gedächtnis als rekursiv. „Das heißt: Je weiter wir vom Dritten Reich entfernt sind, desto mehr nehmen wir wahr."

Diese Wahrnehmung wird allerdings über die Jahrzehnte nicht besser und präziser. Im Gegenteil. Das Bewältigungsdrängen nimmt zu, und das Wissen nimmt ab. Mit dem Aussterben der Zeitzeugen öffnet sich ein Vakuum für Mißverständnisse, Vereinfachungen und Manipulationen. Nahezu jede Unsinnsbehauptung kann heute aufgestellt werden, weil die große Mehrheit der Menschen die NS-Ära nicht selber oder nur als Kind erlebt hat.

Viele Bürger sind an Geschichte gar nicht oder nur mäßig interessiert. Ihnen ist egal, wer was wo und wann getan oder gelassen hat. Der Bezug zur Gegenwart wird häufig übersehen. Dabei dient die heute betriebene „Vergangenheitsbewältigung" weniger der Vergangenheit als der Gegenwart und Zukunft. Manche Darstellung dessen, was im Dritten Reich und besonders während des Krieges geschehen sei, zielt geradewegs auf handfeste materielle Konsequenzen. Wer vom Volk der „Täter" Geld oder sonstige Vergünstigungen haben will, muß zunächst einmal beschuldigen. Dabei liegt die Versuchung nahe, das eine oder andere aufzubauschen, zu übertreiben, falsch darzustellen.

Fälschungen als Mittel zum Zweck

Die Anti-Wehrmachts-Ausstellung bot ein anschauliches Beispiel. Vier Jahre lang vagabundierte die Reemtsma-Schau durch deutsche Städte, bis sich im Herbst 1999 endlich die Erkenntnis durchsetzte, daß nicht wenige der gezeigten Bilder falsch betextet und in unrichtige Zusammenhänge gebracht worden waren. Der Wehrmacht angelastete Verbrechensopfer stellten sich unter der Lupe in- und ausländischer Historiker als Opfer sowjetischer Mordexzesse dar. Auf anderen Photos wurde die völkerrechtlich statthafte Hinrichtung von Partisanen als Verbrechen gegen die Zivilbevölkerung deklariert.

Die Verteidigung der Ausstellungsmacher war aufschlußreich: Sie hätten die falschen Texte aus Archiven und anderen Publikationen entnommen. Demnach steckt der Schwindel nicht nur in der aufgeflogenen Anti-Wehrmachts-Schau. Überall müßten Revisionisten ans Werk und Darstellungen überprüfen, die seit mehr als 50 Jahren die Zeitgeschichtsschreibung prägen. Die Sieger haben an vielen Stellen ihre Sicht der Geschehnisse hinterlassen. Auf sowjetische Lügen und Manipulationen wird nach dem Zusammenbruch des kommunistischen Imperiums kaum noch Rücksicht genommen; die Opfer roter Verbrechen und deren Angehörige bestehen auf der so lange verdrängten Wahrheit. Wie aber sieht es mit der anglo-amerikanischen Geschichtsschreibung aus? Glaubt jemand ernsthaft, daß dort keine Falschdarstellungen zu finden sind? Warum wurden noch nicht alle Archive für die Forschung geöffnet? Welche Überraschungen warten hier auf die Nachwelt? Um von vornherein einem Mißverständnis vorzubeugen: Auf allen Seiten gab es Verbrechen, auch auf deutscher Seite. Das ist hieb- und stichfest belegt. Der Streit über Art und Umfang wird am Ende nicht zu der Erkenntnis führen, daß die einen nur Engel und die anderen nur Teufel

16

Zur gleichen Zeit, da der Bau des Berliner Holocaust-Denkmals (Bild) beschlossen wurde, erreichte die Zwangsarbeiter-Kampagne ihren Höhepunkt. Die Betonstelen sollen deutsche Schuld und Zahlungsbereitschaft verewigen. Dazu Rudolf Augstein im „Spiegel" (Nr. 49/98): „Man ahnt, daß dieses Schandmal gegen die Hauptstadt und das in Berlin sich neu formierende Deutschland gerichtet ist."

waren. Schwarzweißmalereien dieser Art lassen sich denkenden Menschen ohnehin nicht mehr verkaufen. Die Komplexität geschichtlicher Prozesse verlangt nach differenzierter Aufarbeitung.

Freilich liegt es in der Natur der Sache, daß die Sieger Revisionen des Geschichtsbildes eher zu fürchten haben als die Besiegten. Letztere haben nach einem verlorenen Krieg meist auch die Möglichkeit verloren, ihre Sicht der Geschehnisse zu manifestieren. Geschichte wird bekanntlich von den Siegern geschrieben – zunächst jedenfalls. Erst nach und nach, wenn überhaupt, fließen die Argumente der Besiegten in die historische Debatte ein.

Ein weiteres sei an dieser Stelle zur Abwehr böswilliger Unterstellungen eingefügt: Für jeden human und rechtlich denkenden Menschen ist es eine Selbstverständlichkeit, daß die Opfer von Unrecht und Verbrechen im Rahmen des Möglichen materiell entschädigt werden. Die Zurückweisung historischer Falschdarstellungen braucht die Opfer nicht zu beunruhigen. Im Gegenteil. Nur die Wahrheit, die ganze und ungeteilte Wahrheit schafft Sicherheit im Urteil. Lügen, Übertreibungen, Manipulationen schaden nicht nur den Beschuldigten. Auch die Opfer, die tatsächlichen und unzweifelhaften, geraten unter Verdächtigungen, die sie nicht verdient haben. Schon hieß es nach der geplatzten Anti-Wehrmachts-Ausstellung: Kann man Bildern überhaupt noch trauen? Wieviele Falsifikate umgeben uns noch? Glaubt man am besten gar nichts mehr?

Was ihre Sühnebereitschaft anbelangt, brauchen sich die Deutschen eigentlich keine Vorwürfe zu machen, auch nicht gefallen zu lassen. Im Unterschied zu den Siegerstaaten des letzten Weltkrieges, deren Verbrechen nie aufgearbeitet und nie wiedergutgemacht wurden, haben sich die Besiegten der Entschädigungsfrage in weitem Umfang gestellt. Ohne Übertreibung läßt sich sagen, daß die Deutschen hier in geschichtlich einzigartiger Weise nationale Verantwortung übernommen haben. Die überlebenden Hiroshima-Opfer bekamen von den USA keinen müden Dollar. Und die Nachkommen der in Katyn ermordeten polnischen Offiziere ernten aus Moskau nur Achselzucken und den Hinweis, daß die heutige russische Regierung mit den kommunistischen Vorgängern und deren Verbrechen nichts zu schaffen habe. Man stelle sich vor, die deutsche Regierung würde ähnlich argumentieren.

Opferentschädigung – ein deutsches Privileg

Wer einwendet, daß die Einzigartigkeit der deutschen Wiedergutmachungsbereitschaft auf die „singuläre" Opferbilanz des Nationalsozialismus zurückzuführen sei, der sollte das von französischen Wissenschaftlern 1997 erstellte „Schwarzbuch des Kommunismus" zur Hand nehmen (seit 1998 liegt es beim Piper-Verlag in deutscher Übersetzung vor). Über 80 Millionen zu Tode Gebrachte werden dort bilanziert. Die Zahl der sonstwie Entrechteten und Geschädigten nähert sich der Milliarde. Und eine Endabrechnung wird sich erst vornehmen lassen, wenn die letzten kommunistischen Regime – Rotchina, Nordkorea, Kuba – im Orkus verschwunden sind.

Als die UdSSR und der von ihr kontrollierte Staatenblock Ende der

18

achtziger Jahre zusammenbrachen, wurde die Frage einer Opferentschädigung gar nicht erst gestellt. Man tat so, als sei der Kommunismus eine Form von höherer Gewalt gewesen. Die Gefängnisse und Lager öffneten sich, aber den Opfern wurde außer der Freiheit nichts zuteil. Die Enteigneten, Beraubten, Verbannten standen mittellos auf der Straße und mußten sehen, wo sie bleiben. Schlimmer noch: Die meisten der Täter hatten den Regimewechsel unbeschadet überstanden und machten ungeniert so weiter, als sei nichts geschehen. Kein Lagerkommandant, kein KZ-Scherge, kein Schreibtischmörder wurde zur Verantwortung gezogen. Einzig der rumänische Diktator Ceausescu fiel unter den Kugeln eines Standgerichts. Kein „Nürnberg" stand am Ende der schrecklichsten und blutigsten Terrorherrschaft aller Zeiten.

Statt dessen wurden – fast schon makaber – die Deutschen aufgefordert, ihre Wiedergutmachungsleistungen für die NS-Zeit nun auch noch auf Osteuropa auszudehnen. Die Opfer des Kommunismus wurden und werden einfach übersprungen. Ihr Schicksal interessiert niemanden. Eine jahrzehntelange Zwangsarbeit in der sibirischen Verbannung ist keine Kopeke wert. Wer aber während des Zweiten Weltkrieges in deutschen Rüstungsfabriken, ganz normalen Betrieben oder auf deutschen Bauernhöfen arbeiten wollte oder mußte, hat Chancen auf nachträgliche Lohnzusatzleistungen und Entschädigungen.

127 Milliarden Mark

Natürlich ist es für NS-Geschädigte in keiner Weise tröstlich, daß Leidensgenossen auch vom Kommunismus produziert wurden. Hier kann es keine „Aufrechnung" geben nach dem Motto: Das eine Unrecht gleicht das andere aus. Insofern stellt sich für die deutsche Politik auch nicht die Frage einer Verpflichtungsrelativierung. Es fällt nur auf, wie unvollständig und damit auch unwahrhaftig die Vergangenheit bewältigt wird. Die einen empfinden und praktizieren Verantwortung; die anderen entziehen sich jeder Inanspruchnahme und werfen statt dessen Steine aus ihren Glashäusern.

Vergleicht man also die deutsche Haltung nach 1945 mit der Wiedergutmachungsbereitschaft anderer Länder, überfällt einen fast Sprachlosigkeit, wenn man die jüngsten Vorwürfe und Klagen über den angeblichen Geiz und die vermeintliche Hartherzigkeit der Deutschen hört. Undank ist der Welt Lohn, heißt es zwar im Sprichwort. Aber wenn es schon unbillig wäre, von den entschädigten Opfern Dank zu erwarten, so wäre es doch ein Mindestgebot der Fairneß, neue Forderungen nicht mit der Behauptung zu begründen, die Deutschen hätten sich bislang zahlungsunwillig gezeigt oder nur „Peanuts" ausgeschüttet.

Auf 104 Milliarden Mark beziffert das Bundesfinanzministerium die seit Anfang der fünfziger Jahre aufgrund diverser Gesetze geleisteten Zahlungen der Bundesrepublik an NS-Opfer, darunter auch Zwangsarbeiter (Stand 1. Januar 1998). Hinzu kommen in den nächsten Jahren, so die Bonner Schätzungen, nochmals rund 20 Milliarden Mark, die durch noch laufende Zahlungsverpflichtungen bedingt sind. Insgesamt dürfte die Bundesrepublik damit auf staatliche Zahlungen in Höhe von 127 Milliarden Mark kommen (zum Vergleich: der gesamte Bundeshaushalt 1999 umfaßt 488 Milliarden Mark). Da ein Großteil der Zahlungen schon in den fünfziger und sechziger Jahren anfiel, geht der heutige Wert auf das Zehnfache zu. Das darf man bei einer fairen Einschätzung des Geleisteten nicht außer acht lassen.

Der mit Abstand größte Anteil der bisher gezahlten Summe mit 78 Milliarden Mark entfällt auf die Anspruchsberechtigten nach dem Bundesentschädigungsgestz (BEG) von 1956. Berechtigte sind Opfer typischen NS-Unrechts, also vor allem aus rassischen, politischen und religiösen Gründen verfolgte Personen. Sonstiges Staatsunrecht fällt unter das Allgemeine Kriegsfolgengesetz von 1957.

Generöse Regelungen

In den sechziger Jahren kam es erstmals zu erheblichen Nachbesserungen. Zugleich wurde im Bundestag bekundet, daß mit der BEG-Novelle auch die Gesetzgebung auf diesem Gebiet ein für allemal abgeschlossen werden sollte. Das sogenannte BEG-Schlußgesetz von 1965 brachte weitere Leistungen für die Antragsteller, bestimmte aber zugleich, daß nach dem 31. Dezember 1969 keine neuen Ansprüche

MILLIARDEN FÜR NS-OPFER

Leistungen der öffentlichen Hand insgesamt:

127,429 Mrd. Mark

VORAUSSICHTLICHE LEISTUNGEN
gesamt: 23,961 Mrd. Mark

- 16,656 — Bundesentschädigungsgesetz (BEG)
- 3,200 — sonstige Leistungen*
- 1,925 — Härteregelungen (ohne Länder)
- 1,012 — Leistungen der Länder außerhalb des BEG
- 0,703 — Entschädigungsrentengesetz (ERG)
- 0,420 — Globalverträge
- 0,045 — Bundesrückerstattungsgesetz (BRüG)

BISHERIGE LEISTUNGEN
103,468 Mrd. Mark

- 79,600 — Bundesentschädigungsgesetz (BEG)

alle Angaben in
Milliarden Mark

* unter anderem
Härtefonds für
rassisch Verfolgte
nichtjüdischen
Glaubens und
Entschädigungen
für Menschenversuchsopfer

- 8,800 — sonstige Leistungen*
- 1,675 — Härteregelungen (ohne Länder)
- 2,488 — Leistungen der Länder außerhalb des BEG
- 1 Mrd. — Entschädigungsrentengesetz (ERG)
- 2,500 — Globalverträge
- 3,955 — Bundesrückerstattungsgesetz (BRüG)
- 3,450 — Israelvertrag (1964 ausgelaufen)

Dieses Schaubild basiert auf Angaben der Bundesregierung.

Rechts die Wiedergutmachungszahlungen, die Deutschland bis 1999 geleistet hat.

Oben jene zusätzlichen Zahlungen, die für die nächsten Jahre schon gesetzlich festgelegt sind.

Viele indirekte Reparationen, zum Beispiel für Israel und östliche Staaten, sind in dieser Statistik nicht enthalten.

mehr angemeldet werden konnten. Allerdings gab es auch hier wie auch bei den anderen Wiedergutmachungsgesetzen großzügige Ausnahme- und Härteregelungen.

In einer dazu erstellten Dokumentation des Bundesfinanzministeriums aus dem Oktober 1994 heißt es:

„Bei der Festlegung der Leistungsvoraussetzungen wurde den durch NS-Unrecht Geschädigten so weit wie möglich entgegengekommen, auch um im Sinne der Betroffenen einen schnellen und unbürokratischen Vollzug der Richtlinien zu erleichtern. Ein erheblicher Gesundheitsschaden wird danach angenommen bei einem durch die Unrechtsmaßnahmen bedingten Grad der Behinderung (GdB) von 50 oder einem allgemeinen GdB von 80 (Nachweis durch privatärztliches Attest genügt, falls erforderlich)."

Der ausdrückliche Verzicht auf eine amtsärztliche Überprüfung spricht für sich selber.

Weiter wird ausgeführt:

„Bei der Einkommensermittlung werden bestimmte Leistungen, die die Betroffenen im Hinblick auf ihre situationsbedingten besonderen Bedürfnisse erhalten (z.B. Hilfen für Behinderte und Kranke), nicht angerechnet, um alle Betroffenen im Ergebnis gleich zu behandeln und auch in Grenzfällen eine Notlage noch als gegeben ansehen zu können."

Man vergleiche diese generöse Auslegung mit der Engherzigkeit, die der deutsche Gesetzgeber bei Sozialleistungen ansonsten walten läßt. Da werden Ansprüche sorgsam verglichen und aufgerechnet, da wird vorhandenes Vermögen leistungsmindernd ermittelt, und sogar Verwandte werden zu Zahlungen herangezogen. Nur Verwandte? Nein, auch das Einkommen bloßer Haushaltsmitbewohner wird in Anschlag gebracht.

Aber damit nicht genug. Das Bundesfinanzministerium teilt stolz mit:

„Die schuldlose Versäumung der Antragsfrist des Allgemeinen Kriegs-

Überall in Osteuropa (hier in der Ukraine) bezeichnen sich Demonstranten als ehemalige NS-Häftlinge und fordern Zahlungen aus Deutschland. Seit Kriegsende sind 55 Jahre vergangen. Die durchschnittliche Lebenserwartung in Rußland, der Ukraine und Weißrußland liegt zur Zeit bei 60 Jahren. Trotzdem sollen noch Hunderttausende ehemaliger Zwangsarbeiter am Leben sein.

folgengesetzes wird grundsätzlich unterstellt, da die durch § 5 AKG eröffneten Möglichkeiten, Entschädigungsansprüche geltend zu machen, in der Bevölkerung wie auch in Kreisen der Betroffenen weitgehend unbekannt geblieben sind.“

Man muß diesen Hinweis zweimal lesen, um seine Bedeutung voll zu erfassen. Das Bundesfinanzministerium gibt offen zu, daß die vom Gesetzgeber erlassenen Antragsfristen praktisch keine Rolle spielen. Auch dies muß man in Vergleich setzen zu den ansonsten in Deutschland geltenden Behördenbräuchen. Versäumt Otto Normalverbraucher irgendwo eine Frist, geht er in aller Regel seiner Ansprüche verlustig. Die Beweislast für schuldlose Versäumung liegt bei ihm, und jede diesbezügliche Eingabe wird akribisch überprüft. Durch Fristversäumnisse gehen wichtige Prozesse verloren, werden eigentlich Berechtigte um ihre Ansprüche gebracht, manchmal sogar existentiell ruiniert. Der Amtsschimmel kennt kein Pardon.

Allein in Fragen der NS-Wiedergutmachung vergessen deutsche Politiker und Behörden ihre übliche Paragraphenreiterei. Fast immer wird zugunsten des Antragstellers entschieden, egal, wann er kommt, welche Beweise er hat und wie seine sonstigen Einkommensverhältnisse beschaffen sind. Angesichts des Umfangs des NS-Unrechts mag diese Großzügigkeit moralisch nicht zu beanstanden sein; doch um so unbegreiflicher werden damit die Angriffe und Unterstellungen, denen der deutsche Staat und das deutsche Volk permanent ausgesetzt sind. Wo bitte auf der Welt gibt es für Unrechtsopfer mehr staatliche Fürsorge? Wo? Auch in der Zwangsarbeiter-Debatte wird großzügig verfahren. In dem Verhandlungspapier der Stiftungsinitiative deutscher Unternehmen „Erinnerung, Verantwortung und Zukunft" war zu lesen: „Leistungen aus der Stiftung sollen Geschädigte erhalten, wenn sie aufgrund ihrer heutigen Lebenssituation bedürftig sind". Dazu genüge „in aller Regel die Selbsteinschätzung des Antragstellers" (Süddeutsche Zeitung, Nr. 129/99).

„Härtezuwendungen" außerhalb des Gesetzes

Die Masse der bisherigen Wiedergutmachungszahlungen ging an jüdische Empfänger und den Staat Israel (den es zur Zeit des Dritten Reiches nicht gegeben hat, der aber trotzdem als Quasi-Geschädigter des NS-Unrechts behandelt wird). „Nach groben Schätzungen der Länder und des Bundes dürften rund 80 Prozent der Leistungen an jüdische Empfänger gezahlt worden sein", teilte die Parlamentarische Staatssekretärin Irmgard Karwatzki am 22. September 1997 auf Anfrage des Bundestagsabgeordneten Heinrich Lummer (CDU) mit. Genauere Angaben lasse die Statistik nicht zu (Bundestagsdrucksache 13/8596).

Schon bald nach Gründung der Bundesrepublik hatte Kanzler Adenauer den Israelis, zunächst in Geheimverhandlungen, umfangreiche Zahlungen angeboten. Im Rahmen des Israelvertrages vom 10. September 1952 (BGBl. 1953 II S. 37 ff.) wurde an den jüdischen Staat eine globale „Entschädigung" in Form von Warenlieferungen und Dienstleistungen im Wert von drei Milliarden Mark gezahlt. Daneben erhielt die Conference on Jewish Material Claims against Germany (Jewish Claims Conference), eine jüdische Weltorganisation, einen mit 450 Millionen Mark ausgestatteten Sonderfonds zur Unterstützung von Juden außerhalb Israels.

Bei all diesen Zahlen muß immer der damalige Wert bedacht werden. Drei Milliarden Mark im Jahr 1952 machen heute mehr als das Zehnfache aus. Insofern vermitteln die blanken Zahlen bei oberflächlicher Betrachtung einen völlig falschen Eindruck. Außerdem war Deutschland nach den Zerrüttungen und Verwüstungen des Krieges damals auch finanziell am Boden.

Wie sich aus der schon zitierten Stellungnahme der Bonner Staatssekretärin Karwatzki weiter entnehmen läßt, gab es für jüdische Antragsteller „zusätzlich zu den gesetzlichen Leistungen außergesetzliche Härtezuwendungen" im Gesamtbetrag von rund 1,2 Milliarden Mark. Diese Mittel wurden von der Jewish Claims Conference kassiert. Weitere Zahlungen bis zu 450 Millionen Mark sind ihr zugesagt oder in Aussicht gestellt worden (Stand September 1997).

Außergesetzliche Härtezuwendungen! Anders ausgedrückt: Ohne Gesetzesgrundlage, ohne parlamentarischen Auftrag und ohne parlamentarische Kontrolle werden Milliarden von Mark zusätzlich zu den vom Bundestag beschlossenen Entschädigungen gezahlt. Auch dies dürfte einmalig auf der Welt sein. Kein in Not geratener Deutscher bekäme ohne konkreten Bezug auf einen gesetzlichen Anspruch öffentliche Gelder. In eigener Machtvollkommenheit hat die Bundesregierung für NS-Verfolgte Sonderregelungen geschaffen, von denen andere Opfergruppen (zum Beispiel deutsche Heimatvertriebene, Bomben- und Vergewaltigungsopfer) nur träumen können.

Nahum Goldmann, 40 Jahre lang Präsident des Jüdischen Weltkongresses und von 1956 bis 1968 Chef der Zionistischen Weltorganisation, war der wichtigste Verhandlungspartner der Bundesregierung. Er selber bezeichnete sich einmal als den „größten Schnorrer der

Weltgeschichte". In der „Frankfurter Neuen Presse" vom 16. August 1981 war folgendes Zitat aus einem Goldmann-Interview zu lesen:

„Wissen Sie, ich habe gute Erfahrungen mit den deutschen Nachkriegspolitikern gemacht. Die Deutschen hätten die Sache mit der Wiedergutmachung viel billiger haben können. Aber Adenauer... hat die moralische Verpflichtung akzeptiert, für die es überhaupt keine juristische Handhabe gab."

Deutsche Politiker waren in Wiedergutmachungsfragen überhaupt geneigt, gegen Recht und Gesetz zu handeln. Sie wußten, daß sie auf diesem Gebiet praktisch freie Hand hatten und nicht fürchten mußten, wegen Veruntreuung staatlicher Gelder zur Rechenschaft gezogen zu werden. Dabei wurde die Öffentlichkeit hintergangen.

Ein besonders markantes Beispiel, wohl die Spitze des Eisbergs, ereignete sich 1957/58. Damals reisten die beiden israelischen Politiker Shimon Peres und General Laskov in geheimer Mission nach Deutschland. Sie sollten Waffen für die Kriege mit den Arabern beschaffen. Am 27. Dezember 1957 hatte die Bundesregierung feierlich erklärt, sie werde keine Waffen an Israel liefern und auch mit allen ihr zu Gebote stehenden rechtlichen Mitteln private Waffenlieferungen an den jüdischen Staat unterbinden. Der Artikel 26 des Grundgesetzes stehe derartigen Lieferungen entgegen. Doch darum kümmerten sich die beiden israelischen Abgesandten nicht. Sie trafen sich mit Verteidigungsminister Franz Josef Strauß in dessen Privathaus in Rott am Inn, wissend, daß die Bekundungen der Bundesregierung lediglich zur Irreführung der Öffentlichkeit gedacht waren.

Strauß nennt in seinen Erinnerungen nicht das genaue Datum des Besuches. Es muß Ende Dezember 1957 gewesen sein. Neben zwei U-Booten verlangten die Israelis Panzer, Hubschrauber, Transportflugzeuge, Artillerie und die dazugehörige Munition. Strauß informierte Adenauer, der einverstanden war, und machte sich umgehend ans Werk, den Artikel 26 des Grundgesetzes und die damit in Verbindung stehenden Gesetze zu umgehen. Erst viele Jahre später gab Strauß zu: „Wir haben die Israel zugesandten Geräte und Waffen heimlich aus den Depots der Bundeswehr geholt und in einigen Fällen hernach als Ab-

Eine andere jüdische Stimme:

„Nehmt uns doch endlich als normale Menschen"

In der Tageszeitung „Die Welt" meldete sich im August 1999 Renate Toubartz aus Köln zu Wort:

„Als nach ‚deutschem Recht' und Verständnis Halbjüdin, nach jüdischem Staatsbürgerrecht und meiner Abstammung nach von einer jüdischen Mutter als Jüdin ‚zum Volk gehörend', habe ich zwölf Jahre des tausendjährigen Reiches in Deutschland überlebt, meine geliebte Tante Nettchen allerdings nicht. Als Kind war ich der verachtete ‚Jud'. Heute bin ich die ‚arme Jüdin', die man als korrekter Deutscher auf Biegen und Brechen lieben muß. Aber ich möchte endlich ein ganz normaler Mensch und Bürger dieses Landes sein, der um seiner selbst willen geliebt oder gehaßt wird.

Ein unbefangener Umgang meiner Mitbürger mit mir ist fast nicht möglich. Die fast rituelle Beteuerung, man habe ja nie etwas gegen die Juden gehabt etc., etc., ist mir unerträglich geworden. Sogar ganz junge Leute fühlen sich bemüßigt, mir gegenüber ihre Schuldgefühle zum Ausdruck zu bringen. Freilich, manche meinesgleichen gefallen sich in Narrenfreiheit, einer Rolle, die jeden Widerspruch sofort als Antisemitismus wertet und selbstverständlich bei jedem Verstoß gegen die ‚political correctness' einen Kotau erwartet.

Bitte, ihr Landsleute, geht doch endlich unbefangen mit meinesgleichen um, sagt uns doch, auch einmal, was ihr nicht an uns gut findet, was wir falsch machen, und beendet endlich diesen verkrampften Ausnahmezustand im Umgang mit uns! Es muß doch einmal Schluß sein damit. Wir sind doch ganz normale Menschen, denen – mit Verlaub gesagt – die zugewachsene Sonderstellung allmählich zum Hals heraushängt."

lenkungsmanöver bei der Polizei Diebstahlsanzeige erstattet. Hubschrauber und Flugzeuge wurden ohne Hoheitszeichen nach Frankreich geflogen und von Marseille aus nach Israel verschifft."

Die Empfänger bezahlten natürlich keine Mark. Strauß nennt auch nicht den Wert der Lieferungen. Sie müssen jedoch zwischen 1,2 und 1, 5 Milliarden Mark gelegen haben. Eine Summe, die später in keiner Wiedergutmachungsbilanz auftauchte. Solche Praktiken setzten und setzen sich bis in die Gegenwart fort. Vor einigen Jahren entdeckten uneingeweihte deutsche Zollbeamte im Hamburger Hafen für Israel bestimmte Waffen, die als Ackergerät deklariert waren. Niemand zieht die verantwortlichen Politiker und Behördenleiter zur Rechenschaft. Der Öffentlichkeit ist es unmöglich, den tatsächlichen Umfang der Zahlungen und materiellen Leistungen an Israel und jüdische Institutionen auch nur annähernd zu erfassen.

Weil damals eine Aufstockung des Israel-Vertrages von 1953 nicht durchsetzbar erschien, vereinbarten Adenauer und der israelische Ministerpräsident Ben Gurion 1960 in New York weitere Zahlungen unter dem Stichwort „Entwicklungshilfe". Auch diese Milliarden-Summen tauchen in der Wiedergutmachungsbilanz nicht auf.

Zur gleichen Zeit, da sich Israel an modernster deutscher Waffentechnik bedient, werden deutsche Unternehmer und Ingenieure wegen Verletzung des Kriegswaffenkontrollgesetzes verurteilt, weil sie an arabische Staaten Materialien verkauft haben sollen, die sich auch zur Waffenherstellung eignen. Selbst die Lieferung eines Probe-Panzers an den NATO-Partner Türkei erregt in Deutschland heftige Debatten. Völlig ruhig blieb es dagegen im August 1999, als deutsche U-Boote an Israel gingen. Gesamtwert: über eine Milliarde Mark. Nach dem Golfkrieg 1991 empfand sich die Bundesregierung – wieder einmal – in israelischer Schuld, weil es im Irak angeblich Giftgasfabriken gab, von denen eine zumindest theoretische Gefahr für Israel ausgegangen sei. Deutsche Firmen, so hieß es, hätten Saddam Hussein beim Bau jener Fabriken geholfen. Zum Ausgleich wurden den Israelis Hunderttausende von deutschen Gasmasken geliefert. Ausgerechnet aus Deutschland Gasmasken für Juden. Feinsinnige Gemüter empfanden das als makaber und peinlich.

Zwar wurde kein einziger Israeli Opfer irakischer Giftgasangriffe. Zwischen Israel und Irak gab es überhaupt keinen Krieg. Aber in Bonn war man gleichwohl der Meinung, daß es nun einer neuerlichen und großzügigen Wiedergutmachungsleistung bedürfe. Die U-Boote für Israel wurden deshalb aus der deutschen Staatskasse finanziert. Am Rande berichtete die Presse, daß jene Boote atomwaffentauglich seien!

Die mittlerweile zur Macht gelangten Roten und Grünen, gegen Waffenexporte und Nukleartechnik angeblich besonders allergisch, störten sich an diesem Kohl-Geschenk überhaupt nicht. Auch die Tatsache, daß der Nahe und Mittlere Osten ein hochexplosives Krisengebiet ist, wurde verdrängt. Niemand wagte zudem einen Hinweis auf die von der UNO wiederholt gerügte Unterdrückungspolitik der Israelis gegenüber den Palästinensern. Bei der Türkei und den Kurden ist man wesentlich sensibler.

Und der Dank aus Tel Aviv? Ein israelischer U-Boot-Offizier wurde im Korrespondenten-Bericht der „Thüringer Allgemeinen" (29. 7. 99) mit der Aussage zitiert: „Ich bin der Sohn von Holocaust-Überlebenden, also ist klar, daß die Frage bedeutungsvoll für mich ist. Das Boot ist kein Geschenk, es steht uns zu." Ein anderer israelischer Marine-Offizier kam im „Wiesbadener Tagblatt" (27. 7. 99) zu Wort: „Und wenn wir fünf U-Boote bestellt hätten, dann hätten die Deutschen uns auch fünf Boote finanzieren müssen."

So einfach ist das. Die einen kommandieren, die anderen zahlen. Erblich ist nicht nur die Sünde, sondern auch die Pflicht zur Buße. Mag die Gefahr auch vom irakischen Staatspräsidenten ausgehen, so sind dennoch die Deutschen betroffen. Von daher wird begreiflich, weshalb Saddam Hussein in der westlichen Propaganda so hartnäckig als „neuer Hitler" apostrophiert wurde. Hitler = Deutschland = Wiedergutmachung = U-Boote...

Keine Kontrolle der Mittelverwendung

Aber nicht nur Israel profitiert von deutscher Großzügigkeit. Einen Skandal eigener Art stellen die Zahlungen an den Ostblock dar. Hierzu erklärte die schon erwähnte Parlamentarische Staatssekretärin Irmgard Karwatzki im September 1997:

„Soweit es um Leistungen an NS-Verfolgte in den mittel- und osteuropäischen Staaten im Rahmen von Globalabkommen geht, sind diese Mittel von den dort eingerichteten Stiftungen eigenverantwortlich an polnische und ehemals sowjetische Staatsbürger gezahlt worden. Von deutscher Seite ist weder eine Einflußnahme auf die Vergabepraxis noch eine Kontrolle des tatsächlichen Mitteleinsatzes in diesen Ländern möglich."

Auch dieser Hinweis verschlägt einem die Sprache. Einerseits wird immer wieder behauptet, es ginge um eine moralische Ehrenpflicht des deutschen Volkes gegenüber schwer hilfsbedürftigen alten Menschen. Andererseits wird dann ungerührt das Ausbleiben jedweder Kontrolle eingeräumt. Das Interesse am Lebensschicksal ehemaliger NS-Opfer scheint also doch nicht so ausgeprägt zu sein, sonst würde man penibel auf die sachgerechte Verwendung der Mittel achten. Die Nachlässigkeit bei der Vergabepraxis läßt darauf schließen, daß deutschen Politikern der Mißbrauch egal ist. Hauptsache, man hat den Forderungsstellern – Staaten oder jüdischen Institutionen – nachgegeben. Bloß nicht so genau hinschauen, was mit den Geldern tatsächlich passiert, das würde nur Ärger bringen.

„Die für NS-Opfer in Osteuropa bestimmten Zahlungen Bonns haben vor dem Ende des Ost-West-Gegensatzes häufig nicht die Adressaten erreicht", schrieb „Die Welt" lapidar am 17. Februar 1999. Außer der bloßen Feststellung passiert nichts, obwohl die Veruntreuung von Wiedergutmachungsgeldern das wohl Verwerflichste ist, was man sich vorstellen kann. Eigentlich müßte ein Protestschrei der Empörung um die Welt rasen. Statt dessen ist zu hören, daß die Deutschen gefälligst nochmals zahlen sollen, und zwar noch höhere Beträge als zuvor. Ob die dann bei den Opfern ankommen würden, steht wiederum in den Sternen.

Schon in den fünfziger, sechziger und siebziger Jahren hat die Bundesrepublik Milliarden über Milliarden an die Ostblockstaaten gezahlt. In noch guter Erinnerung sind die 1,3 Milliarden Mark, die 1975 als

TO VICTIMS OF NAZI PERSECUTION AND THEIR HEIRS WHO MAY HAVE CLAIMS AGAINST CERTAIN AUSTRIAN BANKS RELATING TO THE HOLOCAUST

Bank Austria and Creditanstalt have agreed to pay $40 million in settlement of legal claims relating to the conduct of their businesses before and during World War II. You may be eligible to participate in this settlement if you were victimized by the Nazi regime and were damaged directly or indirectly by these Austrian banks. The United States District Court for the Southern District of New York (the "Court") will hold a hearing on November 1, 1999 to decide whether the Settlement should be given final approval.

This is a summary.
If you are not sure whether you are affected, you should request a detailed mailed notice.

1. **Who Is Affected By The Settlement.** Not all Holocaust survivors or their heirs are affected by the settlement. You are affected only if you (or your immediate deceased relative) were persecuted by the Nazi regime between 1933 and 1946 because of your race, religion, ethnic origin, nationality, political belief, sexual orientation or disability. In addition, you must have been damaged directly or indirectly by Bank Austria or Creditanstalt and fit within one of the following categories:

a. Had assets on deposit with these banks which were confiscated, stolen or not returned; or

b. Had assets which were looted by the Nazis and transferred to these banks; or

c. Sent monies to concentration camp inmates through these banks that was diverted and never reached the recipient; or

d. Were a slave laborer and these banks profited from your labor.

2. **How And When Claims Will Be Paid.** If the Court gives final approval to the settlement, a Claims Review Committee will examine all claims submitted and pay valid claims to the extent of the claim's value and the available settlement monies. The detailed Mailed Notice explains how you can receive a claim form.

3. **If You Do Not Want To Participate.** If you do not wish to partipate in the settlement, you must exclude yourself by writing a letter so indicating to the address given below by October 18, 1999. If you do not write a letter, you will be barred from prosecuting any legal action against these banks relating to the settled disputes. If you exclude yourself you CANNOT file a claim.

4. **How To Comment Or Object.** If you do not exclude yourself, you may comment on the terms of the Settlement by October 18, 1999. The Mailed Notice describes how to submit comments or objections. You have the right to appear at the November 1, 1999 final approval hearing in person or through counsel, although you do not have to.

5. **Who Represents You.** The Court appointed attorneys to serve as settlement class counsel and appointed settlement class representatives. You do not have to personally pay any of the Court appointed lawyers. The attorneys will seek compensation for their services and reimbursement of their costs at a later time from the settlement fund.

6. **Getting More Information.** To request a Mailed Notice, please send your request to the address below or visit the website: **http://www.austrianbankclaims.com**

Please send me the Mailed Notice and Claim Form.

Name _____

Address _____

City _____

State _____ Zip Code _____

Country _____

Preferred Language _____

This is NOT a Claim Form. Please mail this to:

Austrian Bank Holocaust Litigation
c/o Plaintiffs Class Counsel
P.O. Box 1650
Philadelphia, PA 19105-1650 USA

THIS SETTLEMENT IS DIFFERENT FROM THE SWISS BANK HOLOCAUST SETTLEMENT.

Um Forderungen gegen deutsche und österreichische Banken zu untermauern, werden Anspruchssteller im anglo-amerikanischen Raum mit Zeitungsinseraten gesucht. Verblüffend ist die zeitliche Abfolge: Erst wird ein Gesamtbetrag ausgehandelt, dann werden die Einzelansprüche gesammelt. Normal wäre ein umgekehrtes Verfahren.

Abgeltung pauschalisierter Rentenansprüche an den polnischen Staat gingen. Hiervon hätten auch Zwangsarbeiter profitieren sollen. Dazu kam noch ein extrem günstiger Finanzkredit von einer Milliarde Mark, dessen Zinsverluste zu Lasten des Bundeshaushalts gingen. Jahre später war zu hören, daß die Gelder irgendwo in der kommunistischen Nomenklatura versickert seien. Nichts oder nur wenig sei bei den NS-Opfern angekommen. Prompt wurden Nachforderungen bei den Deutschen erhoben.

Aufgrund eines Notenwechsels zwischen Bonn und Warschau zahlte Deutschland 1991 neuerlich 500 Millionen Mark an Polen, diesmal an eine nach polnischem Recht errichtete „Stiftung Deutsch-Polnische Aussöhnung". Diese Mittel, so hieß es, seien für Personen bestimmt, die während des Zweiten Weltkriegs durch NS-Unrechtsmaßnahmen schwere Gesundheitsschäden erlitten haben und sich in einer gegenwärtigen wirtschaftlichen Notlage befinden. Auch ehemalige Zwangsarbeiter könnten aus dieser Stiftung unterstützt werden.

Nicht nur Polen kassierte. Von 1993 bis 1996, ebenfalls aufgrund eines Notenwechsels, ging insgesamt eine Milliarde Mark an Stiftungen mit dem Titel „Verständigung und Aussöhnung" in Rußland, Weißrußland und der Ukraine (nebenbei bemerkt: eine Milliarde, das sind 1000 Millionen). Auch hier hieß es: Die Mittel sind bestimmt für Geschädigte in der ehemaligen Sowjetunion, die während des Zweiten Weltkriegs durch NS-Unrechtsmaßnahmen schwere Gesundheitsschäden erlitten haben und sich in einer gegenwärtigen wirtschaftlichen Notlage befinden. Gemeint waren vor allem ehemalige Zwangsarbeiter.

Dazu das Bundesfinanzministerium in einer Erklärung vom Oktober 1994: „Die Leistungsvoraussetzungen im einzelnen werden von den Stiftungen festgelegt. Die Bundesrepublik Deutschland hat auf die Verteilung der Mittel in den jeweiligen Einzelfällen keinen Einfluß."

Auch hier also ein öffentlich bekundetes Desinteresse an der Frage, ob die Gelder tatsächlich auch bedürftige NS-Opfer erreichen oder in anderen Kanälen verschwinden. Wäre es nicht zu ungeheuerlich, müßte man vermuten, Verantwortliche auf deutscher Seite begünstigten zumindest fahrlässig einen Betrug, um der Gegenseite die Gelegenheit zu

Nachforderungen zu verschaffen. Die Fürsorge gegenüber NS-Opfern würde jedenfalls ein anderes Verhalten erfordern, nämlich genaue Kontrolle der Mittelverwendung. Dies kann man nicht an „Stiftungen" abtreten, die sich deutschen Einblicken und deutscher Kompetenz völlig entziehen. Immer wieder wird die Verantwortung der „Täter" (und ihrer Nachkommen) für die „Opfer" beschworen. Wie verträgt sich das mit der demonstrativen Nichtkontrolle der Mittelverwendung?

Ganz Ostdeutschland zur Kompensation

Deutsche Leistungen an Vertreiberstaaten wie Polen, Jugoslawien und die Tschechoslowakei bzw. deren Nachfolgestaaten sind von besonderer Pikanterie. Denn diese Staaten haben nach 1945 deutsches Eigentum in einem unübersehbaren Umfang geraubt. Mindestens 11,7 Millionen Deutsche wurden vertrieben. Im „Lexikon der Völkermorde", 1998 im Rowohlt-Verlag erschienen, heißt es: „Direkt bei der Vertreibung kommen 2 110 000 Deutsche zu Tode. Davon werden durch Austreibung aus der Tschechoslowakei 200 000 bis 250 000 Menschen getötet." In Polen und den deutschen Ostgebieten seien etwa 1,5 Millionen Menschen getötet worden. 400 000 bis 450 000 Deutsche wurden durch die Vertreibung aus den übrigen Ländern umgebracht.

Diese Menschen lassen sich ebensowenig wie die NS-Opfer wieder lebendig machen. Was aber geschah mit ihren Häusern, ihren Grundstücken, ihren Bauerhöfen und Fabriken, mit ihren Kunstschätzen und Ersparnissen? Nahezu alles wurde von den Vertreibern eingesackt. Allein Polen riß sich ein Drittel des deutschen Staatsgebietes unter den Nagel, mit Städten, Häfen und Dörfern, mit Kohle- und Erzgruben, mit Bodenschätzen und blühenden Wiesen und Feldern. Außerdem wurde jahrelang die Arbeitskraft der dort gebliebenen Deutschen ausgebeutet. Die 1945 besetzten deutschen Ostgebiete haben sich in mehr als 50 Jahren natürlich auch verzinst, und die Zinsen wiederum haben sich ebenfalls verzinst. Alles in allem summiert sich der Wert nicht in Milliarden, sondern in Billionen – vom immateriellen Wert ganz zu schweigen.

Im Februar 1999 bezifferte das Statistische Bundesamt den Kapitalstock der deutschen Wirtschaft (Bruttoanlagevermögen: Gebäude, Maschinen und Anlagen) auf 7 446 Milliarden Mark, also 7,446 Billionen. Das derzeitige jährliche Wachstum liegt bei zwei Prozent, in früheren Jahrzehnten lag es noch deutlich höher. Dies läßt in etwa umreißen, was den Deutschen im Osten gewaltsam entrissen wurde.

In den polnisch-russischen Beziehungen spielte der – damalige – Wert der deutschen Territorien sogar eine Rolle, die im Westen weitgehend unbekannt geblieben ist. Der sowjetische Außenminister Molotow verglich in den polnisch-sowjetischen Grenzverhandlungen 1945 den Wert Ostdeutschlands mit dem Wert Ostpolens, das von den Sowjets beansprucht wurde. Die polnischen Ostgebiete wurden mit 3,5 Milliarden Dollar bewertet, die deutschen Ostgebiete mit 9,5 Milliarden Dollar. Zum Ausgleich des Saldos lieferte das westverschobene Polen der UdSSR bis 1953 Kohle, die zum Großteil aus den geraubten deutschen Gruben stammte und überdies von deutschen Kriegsgefangenen – Zwangsarbeitern! – gebrochen wurde. In einem Protokoll vom 5. März 1947 werden diese Lieferungen ausdrücklich als Kompensation für deutsche Aktiva im polnischen Herrschaftsbereich bezeichnet.

Den Besiegten ist nach 1945 immer wieder gesagt worden, es dürfe nicht „aufgerechnet" werden. Noch heute durchgeistert die politische Diskussion das Aufrechnungsverbot – allerdings nur einseitig. Deutsche Vertreibungstote dürfen nicht gegen NS-Opfer aufgerechnet werden; aber die NS-Opfer kommen sofort ins Spiel, wenn von den Vertreibungstoten die Rede ist. Gleiches gilt für die Schreckensbilanz des Kommunismus. Die Opfer der Roten sind zweitrangig gegenüber den Opfern der Braunen. Verrechnungen dürfen nur in einer Richtung vorgenommen werden – wie ja beispielsweise auch auf „Dresden" „Coventry" gesagt wird, nicht aber auf „Coventry" „Dresden" (von den krass unterschiedlichen Opferzahlen ganz zu schweigen).

Tatsächlich haben sich die östlichen Staaten mit ihrer Vertreibungs- und Annektionspolitik in größtem Umfang entschädigt. Die deutschen Verluste mit ihren Zinsen und Zinseszinsen übersteigen alles, was später noch im Zuge der Wiedergutmachungsleistungen draufgelegt wurde. Insofern bleibt auch rätselhaft, weshalb alle (west-)deutschen Regierungen seit 1949 immer wieder darauf hingewiesen haben, daß an-

Bei seinem Besuch in Prag Anfang September 1999 ermahnte Bundespräsident Johannes Rau (links) die deutsche Industrie zu einer Gehalts-
nachzahlung für rund 60 000 noch lebende tschechische Fremdarbeiter.
Als daraufhin Raus tschechischer Amtskollege Vaclav Havel (rechts) nach
Wiedergutmachung für die enteigneten und vertriebenen Sudetendeutschen gefragt wurde, antwortete er, man dürfe die beiderseitigen Beziehungen „nicht mit Problemen belasten, die aus der Vergangenheit her-
rühren" (SZ, 9. 9. 99).

gesichts des völligen Zusammenbruchs des Deutschen Reiches 1945
eine „vollständige" finanzielle Entschädigung nicht möglich sei. An-
fänglich wurde dabei an einen späteren Friedensvertrag gedacht; bei
seinen Verhandlungen hätte die deutsche Seite in Übereinstimmung mit
dem Völkerrecht auf Ostdeutschland pochen können, so daß sich eine
vorzeitige „Verrechnung" aus taktischen Gründen verbat. Man wollte
den Trumpf nicht aus der Hand geben. Doch seit geraumer Zeit arbeitet niemand mehr auf einen Friedensvertrag hin. Es wäre deshalb ange-
zeigt, die deutschen Gebiets- und Vermögensverluste in die nicht enden
wollende Wiedergutmachungsdebatte einzuführen, zumal Bonn die
Oder-Neiße-Grenze anerkannt hat. Ohne Verzicht zu leisten, könnte
man den Nutzungsausfall veranschlagen. Schon er stellt alles in den
Schatten, was aus osteuropäischen Hauptstädten an neuerlichen Forderungen zu uns herüberschwappt.

Nicht vergessen werden dürfen die Reparationen auf Besatzungsbefehl. Allein im Westen wurden nach alliierten Schätzungen Industrieanlagen demontiert und Vermögen beschlagnahmt, die 1938 einen Wert von 520 Millionen Dollar hatten. Die Bundesregierung bezeichnete 1961 diese Zahlenangabe als viel zu niedrig. Der Wert der 1945 planmäßig gestohlenen deutschen Patente beläuft sich nach sachverständigen Schätzungen auf bis zu 30 Milliarden Mark. Zur Arbeitsleistung deutscher Kriegsgefangener im Westen und im Osten wurde bis heute offiziell keine Wertangabe gemacht.

1951 gab das Bundesministerium für Gesamtdeutsche Fragen eine Dokumentation heraus, nach der von 1945 bis 1950 die Sowjets aus Mitteldeutschland rund 10,7 Milliarden Dollar an Reparationen herausgequetscht hatten. Praktisch bis zur deutschen Teilwiedervereinigung 1990 betrachteten die Sowjets die DDR als eine zur Ausbeutung dienende Kolonie. Waren und Dienstleistungen wurden weit unter dem Weltmarktwert verrechnet – einer der vielen Gründe, weshalb das SED-Regime trotz deutscher Tüchtigkeit und deutschen Arbeitseifers in den Staatsbankrott schlidderte. West- und Mitteldeutschen wurden sogar die Kosten für die Stationierung der Besatzungstruppen aufgebürdet. Bis heute fehlt aber eine umfassende wissenschaftliche Gesamtschau offener und verdeckter deutscher Reparationsleistungen. Ein unentschuldbares Versäumnis. Den Deutschen in Ost und West würden die Augen übergehen, wenn sie den aktuellen Stand ihrer Wiedergutmachungsbemühungen erfahren würden. Dann aber wäre es freilich schwer, die Deutschen mit neuen Forderungen zu konfrontieren.

Der bekannte Fernsehjournalist Fritz Schenk („ZDF-Magazin") bezifferte die deutschen Reparationszahlungen im „Ostpreußenblatt" Nr. 8/1999 auf rund 200 Milliarden Dollar, so die Schätzung von Experten. Kurzum: Deutschland sei für den Krieg „in einer Höhe bestraft worden wie vor ihm kein anderes Volk in der Weltgeschichte" – auf jeden Fall um ein Vielfaches höher, als ihm die Siegermächte im Sommer 1945 zuzumuten wagten. Damals, in Potsdam, hatte Stalin eine Summe von 20 Milliarden Dollar gefordert. Die Amerikaner hielten das angesichts der schweren Kriegszerstörungen und wegen der schlechten Erfahrungen mit dem Versailler Diktat für überhöht und wollten die Summe auf zehn Milliarden Dollar begrenzen. Das Potsdamer Protokoll enthält deshalb nur die Empfehlung, jede Siegermacht solle ihre Ansprüche aus ihrer Besatzungszone befriedigen (was selbstverständlich die Opferentschädigung einschloß).

In seiner Ausgabe Nr. 8/99 führte „Der Spiegel" ein Interview mit dem Historiker Prof Dr. Lutz Niethammer (Universität Jena). Darin addieren die Journalisten die deutschen Gebietsverluste, Reparationen und Entschädigungen auf 600 Milliarden Mark, „weit mehr, als die Siegermächte auf der Konferenz von Potsdam 1945 für zumutbar gehalten haben". 600 Milliarden Mark – und da wird heute so getan, als seien von deutscher Seite bislang nur Kleckerbeträge aufgebracht worden.

Als es 1990 zur deutschen Teilwiedervereinigung kam, begann von vorne, was eigentlich schon als abgeschlossen galt: Nun sollte die vergrößerte Bundesrepublik nochmals zahlen, und zwar für die vereinnahmte DDR, die sich jahrzehntelang jeder Wiedergutmachungsleistung an Israel und internationale jüdische Vereinigungen verweigert hatte. Die „Logik" dieser Nachforderungen verblüffte. Denn die Bundesrepublik hatte sich stets als Rechtsnachfolgerin des Deutschen Reiches begriffen und zum Ärger des SED-Regimes den sogenannten Alleinvertretungsanspruch erhoben. Das betraf natürlich auch die Kriegsfolgelasten. Keine israelische oder jüdische Forderung wurde um einen fiktiven „DDR-Anteil" gekürzt. Die Westdeutschen zahlten auch für die Mitteldeutschen. Kein beispielsweise aus Dresden oder Leipzig stammender Antragsteller wurde von bundesdeutschen Wiedergutmachungskassen abgewiesen. Bonn handelte für ganz Deutschland.

So erhielt auch der in Breslau geborene, bei Kriegsbeginn in Polen lebende Ignatz Bubis von der Bundesrepublik – nach eigenen Angaben im SZ-Magazin vom 21. 10. 1994 – Wiedergutmachungszahlungen für seine Zeit im Arbeitslager Tschenstochau (etwa 8000 Mark), wo er in der Rüstungsproduktion des Warta-Werkes beschäftigt war, und für entgangene Ausbildung (rund 5000 Mark). Niemand kam auf die Idee, diese Zahlungen mit dem Hinweis zu verweigern oder auch nur zu kürzen, Bubis entstamme nicht dem Gebiet der Bundesrepublik Deutschland. Der im August 1999 verstorbene Zentralratspräsident ist ein treffliches Beispiel für die schon frühzeitig erbrachten Leistungen der Bundesrepublik. Trotzdem tat Bubis so, als hätten ehemalige Zwangsarbeiter bislang nichts bekommen. Es mag sein, daß noch nicht alle etwas bekommen haben. Wer aber kontrolliert das?

Doch noch einmal zurück zur deutschen Vereinigung: Im Juni 1990 teilte der damalige DDR-Ministerpräsident Lothar de Maizière (CDU) mit, er habe nach Gesprächen mit dem Präsidenten des Jüdischen Weltkongresses, Edgar Bronfman, den Beschluß gefaßt, mit jüdischen Stellen über finanzielle Wiedergutmachungsleistungen zu verhandeln. Dabei habe er, de Maizière, allerdings deutlich gemacht, daß die DDR zur Zeit kaum in der Lage sei, „Nennenswertes zu leisten". Bei sehr hohen Zahlungen könnte außerdem ein neuer Antisemitismus in Deutschland entstehen. De Maizière wollte jedoch den Eindruck gewonnen haben, es gehe seinen Gesprächspartnern nicht so sehr „um Mark und Pfennig, sondern um den symbolischen Akt, mit dem eine solche Verhandlung verbunden wäre".

Letztere Formulierung erfreut sich großer Beliebtheit. Geld, so heißt es immer wieder, sei eigentlich zweitrangig. Viel wichtiger seien das Symbolische, die Moral, die Aussöhnung. Seltsamerweise hat es aber noch keine Regelung dieser Art gegeben, bei der in den konkreten Verhandlungen nicht die Frage nach der Zahlungshöhe im Vordergrund stand. Den Opfern wird man schwerlich vorwerfen können, daß sie materiellen Ausgleich beanspruchen. Wieso aber deutsche Politiker so tun, als sei das Symbolische wichtiger als das Konkrete, bleibt deren Geheimnis. Will man das Publikum rhetorisch nasführen?

Ohne Geld keine Aussöhnung?

Das Nur-Symbolische beschränkt sich auf jenen Bereich der deutschen Ostpolitik, wo die Belange der Heimatvertriebenen berührt sind. Hier wird es schon als Erfolg gefeiert, wenn in Warschau oder Prag ein Politiker, Publizist oder Historiker zugibt, daß die Austreibung der Deutschen ein Unrecht, ja ein Verbrechen war. Finanzielle oder sonstige Ansprüche werden daraus nicht abgeleitet. Das bloße Bekenntnis genügt. Schnöder Mammon wird hier nicht ins Spiel gebracht. Das würde nur, so heißt es, den Prozeß der Aussöhnung und Annäherung

Die deutsche Industrie solle gefälligst zahlen; aber Rechtssicherheit gegen neue Klagen vor US-Gerichten könne es natürlich nicht geben, hatte Ignatz Bubis (links) noch kurz vor seinem Tod 1999 erklärt. Michel Friedman (rechts) vom jüdischen Zentralrat macht in gleichem Stil weiter: Trotz deutscher Zahlungszusagen werde „ein bitterer Nachgeschmack bleiben". Daß solche Bitternis irgendwann auch noch entschädigt werden muß, hat Friedman zwar nicht gesagt, versteht sich angesichts bisheriger Erfahrungen aber von selber ...

stören. Im deutsch-jüdischen Verhältnis wird genau umgekehrt argumentiert: Ohne Geld keine Aussöhnung. Wie paßt das zusammen?

Zu Zahlungen der DDR kam es nicht mehr; der SED-Staat löste sich am 3. Oktober 1990 auf. Nun richteten sich die israelischen und jüdischen Forderungen nicht mehr an Ost-Berlin, sondern wiederum an Bonn. Zu diesem Thema strahlte das Fernsehmagazin „Report" am 12. November 1991 einen Bericht aus. Der Journalist Udo Frank ließ den an der Bundeswehr-Universität München lehrenden deutsch-jüdischen Historiker Professor Michael Wolffsohn zu Wort kommen. Der sagte:

„Diese Knesset-Abgeordneten kennen offenbar den Inhalt der deutsch-israelischen Vereinbarungen nicht. Von offenen Rechnungen kann nicht gesprochen werden. Die alte Bundesrepublik Deutschland ist, wenn wir es rein buchhalterisch nehmen, in einem Plus von mindestens einer Milliarde Mark. Wir brauchen aber gerade im deutsch-israelischen und deutsch-jüdischen Verhältnis keine historischen Buchhalter, sondern souveräne Politiker, die bereit sind, ohne die Vergangenheit zu vergessen, ein neues wichtiges gemeinsames Kapitel aufzuschlagen."

Frage des Journalisten: „Nun, 50 Jahre nach dem Holocaust, überhaupt noch von Wiedergutmachung zu reden und solche Gelder einzufordern, ist das nicht ein Hindernis auf dem Weg zu einer Normalisierung Deutschlands und Israels?"

Wolffsohns Antwort: „Die meisten heute im vereinigten Deutschland lebenden Deutschen müssen keine Wiedergutmachung leisten, weil sie nicht schuldig wurden. Wiedergutmachung setzt Schuld voraus. Schuld kann individuell sein und schon gar nicht kollektiv, und aus biologischen Gründen alleine ist die Mehrheit der heute lebenden Deutschen nicht schuldig."

Das Schlußwort dieses „Report"-Beitrags sprach dann Moderator Franz Alt: „Die Bundesregierung, meine Damen und Herren, sollte die These von der ewigen deutschen Schuld endlich und eindeutig zurückweisen."

Dies war im November 1991. Heute würde es kein deutscher Fernsehjournalist mehr wagen, die neuerlichen Zahlungsaufforderungen mit ähnlich deutlichen Worten zurückzuweisen. Franz Alt gab einen Monat später, am 17. Dezember 1991, die „Report"-Moderation ab. Schwere Zerwürfnisse waren vorausgegangen. Bubis' Vorgänger Heinz Galinski hatte nach der Sendung in der „Jüdischen Allgemeinen" vom 5. Dezember 1991 den Daumen gesenkt: Wolffsohn habe sich mit seinen Interview-Äußerungen „aus unserer Gemeinschaft selbst ausgeschlossen", und Alt sei vorzuwerfen, mit dem TV-Beitrag „antisemitische Reaktionen" geschürt zu haben.

Neun Jahre später, 1999, fing alles wieder von vorne an. Keine Biologie, kein Schlußstrich, kein Nein zur Kollektivschuld-Behauptung. Neuerlich stellte man die Deutschen als säumige Zahler und „Geizhälse" an den Pranger. Das große Thema hieß nun „Zwangsarbeit".

40

„Scham, Trauer, Entsetzen" verkündete 1999 ein riesiges Plakat am Hamburger Sankt-Nikolai-Kirchturm, verbunden mit der Forderung: „Entschädigen Sie endlich!" Gemeint waren aber nicht die USA und England, die im Zweiten Weltkrieg das Gotteshaus in Schutt und Asche legten, so daß nur der Turm als Mahnmal übrigblieb. Nein, der Aufruf richtete sich an deutsche Firmen, die im Krieg Ausländer beschäftigt hatten. Peinlicher geht es nicht.

Martin Hohmann
Mitglied des Deutschen Bundestages

Reichstag
Büro: Friedrichstr. 83
11011 Berlin

August-Rosterg-Str. 10
36119 Neuhof

Pressemitteilung   (2/10/99)

08.10.1999

Friedman überzieht maßlos

„Fern jeder Realität" nannte Martin Hohmann, CDU-MdB, die Forderung von Michel Friedman, die angebotene Zwangsarbeiterentschädigung in Höhe von 6 Milliarden DM um das Vier- bis Sechsfache zu erhöhen.

"Das Geld liegt in Deutschland nicht auf der Straße ", das müsse Friedman endlich zur Kenntnis nehmen. Wenn die deutsche Industrie 4 Milliarden DM und der Bund noch einmal 2 Milliarden DM zur Verfügung stellen würden, dann sei die Grenze der gegenwärtigen Leistungsfähigkeit damit exakt beschrieben. Höhere Forderungen könne nur der stellen, an dem die Spardebatten der letzten Monate spurlos vorbeigegangen seien: So würden – nicht ohne politische Verwerfungen – den Rentnern in Deutschland erhebliche Kürzungen zugemutet. Wenn etwas den Ernst der Situation deutlich mache, dann der öffentliche Streit von Verteidigungsminister Scharping und Finanzminister Eichel um die zirka 18 Millionen DM für den aktuellen Menschenrechtseinsatz der Bundeswehr in Ost-Timor. Wenn schon zur Milderung aktueller Not kleine Millionensummen kaum aufgebracht werden könnten, dann müsse das Milliardenangebot für die Zwangsarbeiter als ausgesprochen großzügig angesehen werden.

Im übrigen sei jedermann klar, daß angesichts des ungeheueren Leids und der verstrichenen Zeit heute ein wirklicher Ausgleich nicht mehr möglich sei. Selbstverständlich müßten aber ehemalige KZ-Häftlinge unter den Zwangsarbeitern deutlich mehr erhalten, als andere Gruppen. Insgesamt hätten Zahlungen heute mehr den Charakter einer moralischen, denn finanziellen Wiedergutmachung.

Der Gerechtigkeit halber müsse erwähnt werden, daß es auch deutsche Zwangsarbeiter gab. Für sie sei bisher keinerlei Schadensersatz vorgesehen. Sie hätten aber unter genauso schlimmen und mörderischen Verhältnissen in der Tschechoslowakei, in Polen und der damaligen Sowjetunion leiden und arbeiten müssen. Es sei davon auszugehen, daß Friedman dies sehr wohl wisse. Das gleiche Unrecht verlange nach gleicher Entschädigung. Da man von Friedman bisher aber keinerlei Ersatzforderungen für diese deutschen Zwangsarbeiter gehört habe, ließen sich seine Forderungen nur als Lobby-Arbeit einstufen. Als Lobbyist solle Friedman sich aber nicht den Mantel des Moralisten umhängen.

Schließlich müsse Friedman so viel politischer Instinkt zugetraut werden, daß er mit seiner Maßlosigkeit das Geschäft rechtsradikaler Ultras betreibe und einer echten Versöhnung und Normalisierung zwischen Juden und Deutschen schade.

Die Boykott-Kampagne

Will man das Verhalten der Bundesregierung in der jüngsten Wiedergutmachungsdebatte richtig würdigen, muß man noch einmal die „Focus"-Ausgabe Nr. 46/98 zur Hand nehmen. Dort antwortet der damals frischgebackene Bundeskanzler Gerhard Schröder auf die Frage nach möglichen Zahlungen an ehemalige Fremdarbeiter:

„Es geht nicht an, daß wir nach so langer Zeit und nach so viel Geld, das auch bezahlt worden ist, nach dem Jahr 2000 eine neue Debatte dieser Art bekommen... Die Bundesregierung denkt nicht daran, eine neue Dotation vorzunehmen."

Schröder, im Bruch von Wahlversprechen geübt, hielt auch dieses Wort nicht. Innerhalb kürzester Zeit hatten ihm amerikanische Ostküsten-Lobbyisten die Unabwendbarkeit neuer Dotationen klargemacht. Widerstand, so hieß es, sei zwecklos. Er werde gebrochen werden, und zwar mit Mitteln, die die Deutschen eigentlich aus den dreißiger Jahren noch kennen müßten: mit Handelsboykott und Wirtschaftssanktionen. Die Drohungen wirkten:

Im Februar 1999 kündigten 13 deutsche Großunternehmen mit Unterstützung von Bundeskanzler Gerhard Schröder (SPD) die „Stiftungsinitiative Erinnerung, Verantwortung und Zukunft" an. Ziel sei es, „am Ende des Jahrhunderts ein abschließendes materielles Zeichen" zu setzen. Ehemaligen Zwangsarbeitern und „anderen NS-Geschädigtengruppen" wurden Gelder aus der einen Hälfte des neuen Fonds angeboten. Die andere Hälfte, so hieß es, sei für „humanitäre Projekte" vorgesehen: Erinnerungsstätten, Forschungsaufträge und Anliegen der jüdischen Verbände. Außerdem sei beabsichtigt, daß der Deutsche Bundestag eine mit der Initiative der Wirtschaft verzahnte Bundesstiftung ins Leben ruft, aus der Zwangsarbeiter entschädigt werden, die in der NS-Zeit bei öffentlichen Unternehmen wie Post und Bahn verpflichtet waren. In den darauffolgenden Monaten schlossen sich weitere Firmen der Stiftungsinitiative an.

Die Behauptung, es handele sich um ein „abschließendes materielles Zeichen", wurde von sachverständigen Beobachtern mit dem ironischen Ausruf quittiert: Wieder einmal! Genau zehn Tage nach der Ankündigung des vermeintlichen Abschlußfonds gab die einflußreiche „Süddeutsche Zeitung" (Nr. 48/1999) die Gegenparole aus: „Der Zwangsarbeiter-Fonds kann nur ein Anfang sein. Die Hoffnung auf einen Schlußstrich wird nicht aufgehen." Mittlerweile liegen neue Forderungen auf dem Tisch: Abschöpfung der Gewinne, die deutsche Banken und Versicherungen zwischen 1933 und 1945 gemacht haben; Ausgleichszahlungen für die Arisierung jüdischer Betriebe im Dritten Reich; und dergleichen mehr. Hier geht es um astronomische Vorstellungen: bis in den Billionen-Bereich.

Wie schon aufgezeigt: Seit Gründung der Bundesrepublik wird Wiedergutmachung geleistet, Jahr um Jahr, Milliarde um Milliarde, von seiten des Staates und der Wirtschaft – und dann heißt es im sechsten Jahrzehnt nach Kriegsende ungerührt: Nur ein Anfang! Wann, so die Gegenfrage, soll das Ende sein? Werden Deutsche das noch erleben? Und, mit Blick auf die deutsche Reaktion: Welcher Geist herrscht in Zeitungen dieses Landes, daß sie der eigenen Regierung und der eigenen Wirtschaft und dem eigenen Volk schneller in den Rücken fallen, als andere von vorne kommen können? Der gewöhnliche Nationalmasochismus des Jahres 2000 schämt sich nicht, erbrachte Leistungen in Abrede zu stellen und weitere Forderungen regelrecht herbeizureden. Deutscher Selbsthaß als Gegenform früherer nationalistischer Überheblichkeit – das eine so ungesund wie das andere.

Zunächst verhandelte der deutsche Kanzleramtsminister Bodo Hombach (SPD) mit jüdischen Spitzenvertretern in den USA. Dazu der „Spiegel" (Nr. 7/99) in drastischer Offenheit:

„US-Staatssekretär Stuart Eizenstat, ein versierter Außenpolitiker, gab dem deutschen Kanzleramtsminister einen guten Rat: ‚Bodo, das muß eine fette Katze werden!' Die Botschaft an den Kanzlervertrauten Bodo Hombach war klar: Nur mit viel Geld könne die deutsche Industrie die Ansprüche von NS-Opfern ein für allemal abgelten und geschäftsschädigende Boykotte sowie milliardenschwere Sammelklagen vor US-Gerichten abwehren."

Entschädigungsfonds, um jüdische Boykottaktionen zu verhindern: Krupp-Chef Gerhard Cromme, Deutsche-Bank-Vorstand Rolf Breuer und Bundeskanzler Gerhard Schröder.

So ungeniert war in den fünfziger und sechziger Jahren noch nicht von fetten Katzen die Rede. Im Gegenteil. In Israel gab es nach Adenauers ersten Wiedergutmachungszusagen erhebliche Unruhe. Nicht wenige NS-Opfer waren der Meinung, daß es ein moralisches Unding sei, sich die Toten gewissermaßen in Gold aufwiegen zu lassen. Empört sprach man von „Seelenverkauf". Am Ende setzten sich aber jene durch, die hier kein ethisches Problem sehen wollten.

Bellum judaicum

Die Drohung mit „geschäftsschädigenden Boykotten" ist für das deutsch-jüdische Verhältnis nicht neu. Schon einmal, im März 1933, hatten internationale jüdische Verbände Deutschland den „Krieg" erklärt und mit dem Boykott deutscher Waren begonnen. Vor Geschäften und Kaufhäusern in den USA und in England zogen jüdische Boykottwachen auf und plakatierten: „Judea declares war on Germany!

Boycott German goods!" (Übersetzt: „Juda erklärt Deutschland den Krieg! Boykottiert deutsche Waren!") Auch die anglo-amerikanischen Medien propagierten die politisch motivierte Kaufenthaltung. Das vom Versailler Diktat ohnehin schwer malträtierte Deutschland, überschuldet und von Massenarbeitslosigkeit zerrüttet, war gegen solche Aufrufe extrem empfindlich.

„Ein bellum judaicum" (= jüdischer Krieg), drohte am 13. März 1933 Joseph Tenenbaum vom American Jewish Congress, einer großen jüdischen Organisation der USA, „bedeutet für Deutschland Boykott, Untergang und Verderben, bedeutet das Ende der deutschen Hilfsquellen und das Ende aller Hoffnungen auf den Wiederaufstieg Deutschlands."

Es blieb keine leere Drohung. Am 18. März 1933 beschloß der Verband der Jewish War Veterans, alle deutschen Waren, Dienstleistungen und Schiffahrtsgesellschaften in den USA zu boykottieren, und bald folgten andere jüdische US-Organisationen. Dann schwappte die Welle nach England über, wo sich der Boykott mit dem gerade angelaufenen Werbefeldzug „Buy British" verband. Durch London fuhren Autos mit antideutschen Parolen – auch hier wieder das böse Wort vom „judäischen Krieg".

Der „Spiegel"-Historiker Heinz Höhne schildert das alles in seinem Buch „„Gebt mir vier Jahre Zeit' / Hitler und die Anfänge des Dritten Reiches" (Ullstein Verlag 1996). Dort heißt es: „Von Tag zu Tag wuchs die Zahl der Boykotteure. In Litauen, Holland, Frankreich, Ägypten, Griechenland, Polen – überall organisierten jüdische Gemeinden und ihre Sympathisanten Käuferstreiks gegen Deutschland. Jeder Tag brachte neue Hiobsbotschaften für Berlin: Stornierung von Buchungen auf deutschen Atlantikschiffen, Zurückziehung von Aufträgen für deutsche Firmen, antideutsche Verbote in Geschäften der Londoner City, Kinoboykott in Athen."

Am 25. März 1933 meldete die „New York Times": „Boykott breitet sich weiter aus". Im Londoner „Daily Herald" erklärte ein prominenter jüdischer Repräsentant, der Boykott habe bereits „den deutschen Aussenhandel um Hunderttausende von Pfund Sterling geschädigt". Deutsche Auslandsdiplomaten sahen in dieser Angabe keine Übertrei-

Im März 1933 erklärten US-jüdische Verbände Deutschland den Krieg. Vor Geschäften zogen Boykott-Wachen mit Plakaten auf (Bild oben). „Deutsche! Wehrt Euch!" rief daraufhin am 1. April 1933 die NS-Propaganda vor jüdischen Geschäften (Bild unten).

47

bung und meldeten Hiobsbotschaften nach Berlin. Dort brach Panik aus.

Antisemitische Scharfmacher in der NSDAP, ohnehin seit langem auf dem Kriegspfad gegen alles Jüdische, glaubten, auf die Kampagne mit gleicher Symbolik reagieren zu müssen. Am 1. April 1933 starteten sie fatalerweise die Aktion „Deutsche, wehrt Euch! Kauft nicht bei Juden!" Wie in den USA zogen Mahnwachen, hier meist SA-Leute, vor den Läden auf, um das Publikum von unerwünschtem Konsum abzuhalten. Aber schon nach einem Tag wurde die auch in Berliner Regierungskreisen höchst umstrittene Aktion wieder abgebrochen, weil die Auswirkungen eher kontraproduktiv waren und die deutsche Käuferschaft nicht so recht mitgezogen hatte. Aber: Photos des NS-Boykotts finden sich in nahezu allen Zeitgeschichtsbüchern, während Bilder von der vorausgegangenen antideutschen Kampagne in den USA und England zumeist ausgeblendet bleiben. Für unkundige Leser ist deshalb rätselhaft, weshalb es auf den SA-Plakaten heißt: „Deutsche, wehrt Euch!" Gegen was?

Im Unterschied zu heute trugen die damaligen Sprecher der jüdischen Gemeinde in Deutschland zur Entkrampfung bei. Scharf wandten sie sich gegen die Boykottmaßnahmen ihrer Glaubensbrüder in den USA und England. Der Vorsitzende des Deutschen Rabbiner-Verbandes, Leo Baeck, sprach in einer öffentlichen Erklärung von „falschen Freunden" und „bedauerlichen Fehlern".

Der Reichsbund jüdischer Frontsoldaten richtete an den Botschafter der Vereinigten Staaten in Berlin ein Schreiben, in dem gegen die „Greuelnachrichten" über Deutschland protestiert wurde. Ähnlich äußerte sich der Zentralverein deutscher Staatsbürger jüdischen Glaubens als die größte Organisation der 565 000 deutschen Juden. In einem Rundschreiben an seine Mitglieder forderte er dazu auf, „dem Versuch, auf dem Umwege über ausländische Kreise die Gestaltung der deutschen Zukunft zu beeinflussen, entgegenzutreten".

Eine Delegation deutscher Zionisten unter dem Spitzenfunktionär Martin Rosenbluth reiste eigens nach London, um dort mäßigend auf die Glaubensbrüder einzuwirken. Der jüdische Hamburger Bankier

„Judenheit erklärt Deutschland den Krieg / Juden der ganzen Welt einig in Aktion / Boykott deutscher Waren / Massendemonstrationen in vielen Gebieten / Dramatische Aktion" - so titelte der „Daily Express" am 24. März 1933.

In London fuhren jüdische Aktivisten mit gleichen Parolen durch die Straßen.

Max Warburg intervenierte, pro-deutsch, in New York. Linke und Rechte, deutsche Juden und Nichtjuden waren sich 1933 in der Abwehr ausländischer Boykott-Aufrufe trotz tiefgreifender politischer Unterschiede einig.

Auch die SPD reihte sich ein. Prominente Mitglieder des Parteivorstandes wie Otto Wels, Paul Hertz und Friedrich Stampfer ließen sich von Göring mit Sonderpässen ausstatten und fuhren ins Ausland, um die Genossen der Sozialistischen Internationale davon abzuhalten, sich in die antideutschen Kampagnen einbinden zu lassen. Von diesen Bemühungen ist heute kaum noch etwas zu lesen. Nach 1945 wechselte man geistig ins Siegerlager. Erinnerungen an prodeutsche Interventionen gelten seitdem als nicht mehr opportun.

Wenn man aber bedenkt, daß sich damals Spitzenrepräsentanten des hiesigen Judentums schützend vor ein Deutschland stellten, das immerhin nationalsozialistisch regiert wurde, dann fragt man sich um so mehr, weshalb heute das demokratische Deutschland weniger Solidarität erfährt. Weshalb weisen die Sprecher der jüdischen Gemeinden in der Bundesrepublik nicht alle aus den USA kommenden Drohungen mit der Wucht ihrer ganzen Amtsautorität zurück? Läge hier nicht die große Chance, Deutsche und Juden in einem Akt praktischer Solidarität zu versöhnen und damit antisemitische Vorbehalte an der Wurzel zu packen und beherzt auszureißen?

Statt dessen schimpfte beispielsweise Michel Friedman, Mitglied des Zentralrats der Juden in Deutschland, auf die deutsche Industrie. Deren Haltung in den Verhandlungen mit den Forderungsstellern sei „eines der beschämendsten Kapitel der deutschen Nachkriegsgeschichte". In den Ohren nicht weniger Deutscher klingen solche Töne unversöhnlich und schrill. Zählt die Gefahr, daß durch überzogene Forderungen und anmaßendes Auftreten neuer Antisemitismus entstehen könnte, nicht mehr zu den Lehren der Geschichte? Ein altes Sprichwort sagt: Wie man in den Wald hineinruft, so schallt es heraus.

Unbehagen auch auf jüdischer Seite

Daß es auch anders als nach Friedmanscher Art geht, zeigt ein Beispiel aus der Schweiz. Sigi Feigel, der Ehrenpräsident der Israelitischen Cultusgemeinde Zürich, machte aus seinem Groll über die jüdisch-amerikanische Boykottpolitik keinen Hehl. Als der hochangesehene Feigel, von Beruf Rechtsanwalt, im Dezember 1997 davon hörte, daß der Jüdische Weltkongreß (WJC) eine Gemeinschaftsklage gegen die Schweiz erwog, forderte er die Regierung in Bern öffentlich auf, sie solle die Beziehungen zum WJC abbrechen, weil die Organisation das Vertrauensprinzip ständig verletze (SZ, 31. 3. 98).

50

Feigel schrieb empört an den WJC-Präsidenten Edgar Bronfman. Dieser hatte der Schweiz im Fall der Zahlungsverweigerung öffentlich den „totalen Krieg" angedroht. „So etwas müssen wir uns nicht gefallen lassen", bekundete der auf Ausgleich bedachte Feigel. Bronfman bewirke mit seinen stetigen Behauptungen, neuen Forderungen und Drohungen eine „Vergiftung der Atmosphäre".

Auch der Finanzchef der Stadt New York, Alan Hevesi, erhielt von Feigel einen Brandbrief. Hevesi hatte Schweizer Banken einen Boykott angedroht, wenn sie sich den WJC-Wünschen nicht beugen würden. Feigel an Hevesi: „Sie leisten mit einem Boykott der Sache keinen Dienst und werden dereinst vor der Geschichte nicht als Kämpfer für Recht und Gerechtigkeit, sondern als Anstifter für eine turbulente Zeit des Unfriedens... dastehen" (Südkurier, 1. 4. 98).

Alan Hevesi, Enkel des inzwischen verstorbenen ungarischen Chefrabbiners Simon Hevesi, setzte zusammen mit anderen US-jüdischen Politikern den Schweizer Banken so sehr zu, daß sie nach kurzem Widerstand bereit waren, 1,25 Milliarden Dollar zu zahlen – um sich von dem angedrohten Finanzboykott regelrecht freizukaufen. „Oh, sie hassen mich", sagt Hevesi nun über die Schweizer. Er aber sieht das Ganze auch als Wahlkampf-Coup. Um auf der politischen Karriereleiter noch weiter nach oben zu kommen, braucht Hevesi die Unterstützung seiner in New York besonders zahlreichen und einflußreichen Glaubensbrüder. Je mehr Gelder er bei Schweizern oder Deutschen eintreibt, desto praller füllt sich auch Hevesis Wahlkampfkasse, nicht direkt, aber auf dem Umweg der Dankbarkeit.

Es ist nicht zuletzt auch deshalb wichtig, jüdische Stimmen wie die Feigels zu zitieren, weil sonst der fatale Eindruck entstehen könnte, daß es auf jüdischer Seite eine Einheitsfront zur Durchsetzung weitreichender materieller Interessen gibt. Ein solcher Eindruck wäre Wasser auf antisemitische Mühlen. Über Jahrhunderte hat den Juden der Ruf einer besonderen „finanziellen Tüchtigkeit" mehr geschadet als genutzt. In Verbindung mit dem Verdacht, ganzen Staaten oder Völkern den „Krieg" (Bronfman) erklären zu wollen, wäre der antisemitische Topos komplett.

Sensiblen jüdischen Vertretern ist diese Gefahr bewußt. Sie sind aber oft machtlos gegen das geballte Auftreten geldfixierter Funktionäre, deren Wirkung von den Medien noch übermäßig verstärkt wird. Gegen solche kollektiven Eindrücke hat es die individuelle Vernunft schwer. Um so segensreicher wäre es, wenn auch Repräsentanten der Juden in Deutschland nicht Öl, sondern Wasser ins Feuer gießen würden.

Am 25. Januar 1999 meldete die Nachrichtenagentur Reuters aus New York:

„Der Jüdische Weltkongreß (WJC) wird nach Angaben aus jüdischen Kreisen voraussichtlich Einspruch einlegen gegen den geplanten Kauf von Bankers Trust durch die Deutsche Bank. Der WJC wolle das Geschäft blockieren, bis die Deutsche Bank die Forderungen von Holocaust-Opfern erfülle, hieß es in New York."

Was hat der Jüdische Weltkongreß mit der Fusion zweier Banken zu tun? Eigentlich gar nichts. Die Banken, eine davon amerikanisch, dienen lediglich als Geiseln in einer politischen Auseinandersetzung. Willkürlich wurde ein Zusammenhang zwischen der Deutschen Bank und Zwangsarbeitern konstruiert. Natürlich hätte die Behauptung absurd geklungen, daß an den Schaltern und in der Buchhaltung des Geldhauses Fremdarbeiter aus Osteuropa oder gar KZ-Häftlinge saßen. Statt dessen erfolgte der Umweg-Hinweis, daß die Bank nationalsozialistische Projekte finanziert habe und daß Direktoren der Bank in den Aufsichtsräten von Firmen vertreten gewesen seien, die Zwangsarbeiter beschäftigt hätten. Jene Zwangsarbeiter werden dann auch noch – siehe obiges Zitat – als „Holocaust-Opfer" apostrophiert. Die Ausweitung dieses Begriffes auf nahezu jeden, der gegen die Deutschen als Forderungssteller auftritt, ist eine indirekte Abwertung, ja eine Beleidigung derer, die tatsächlich im Holocaust ihr Leben verloren haben. Der Mangel an Differenzierung wird weder der geschichtlichen Wahrheit noch den Opfern gerecht.

Dem Widerstand gegen die Banken-Fusion folgte in der amerikanischen Presse eine Inseraten-Kampagne gegen deutsche Konzerne. Finanziert wurde die Eröffnung des „Anzeigen-Krieges" (so die Formulierung der „Berliner Zeitung") von US-jüdischen Verbänden. Eines

Mit ganzseitigen Zeitungsanzeigen (hier drei Beispiele aus der „New York Times") machten US-jüdische Verbände im Oktober 1999 gegen die deutsche Wirtschaft Stimmung. Motto: Entweder ihr zahlt, oder wir organisieren einen Handelsboykott ...

der Inserate richtete sich gegen „Mercedes-Benz", eine Firma, die längst im deutsch-amerikanischen Daimler-Chrysler-Konzern aufgegangen ist und schon von daher nur noch historischen Erinnerungswert hat. „Sklavenarbeit", so die Anzeigentexter, sei das Markenzeichen von Mercedes-Benz.

Ausgerechnet in den USA von Sklaverei zu sprechen, ohne sich selber zu meinen, ist schon ein besonderes Verdrängungs- und Propagandakunststück. Millionen von Schwarzen wurden aus Afrika verschleppt und in Nordamerika zur Arbeit eingesetzt. Die dabei elend zugrunde gingen, zählen ebenfalls nach Millionen. Keinen müden Entschädigungs-Dollar erhielten die Opfer und ihre Nachkommen. Bis heute nicht. Angeregt von den Forderungen gegen Deutschland, wollen die Schwarzen nun 777 Billionen Dollar vom amerikanischen Staat. Geerntet haben sie bislang nur mitleidiges Grinsen.

In der historischen Literatur zu diesem Thema ist übrigens nachzulesen, daß beim damaligen Menschenhandel auch jüdische Geschäftsleute kräftig verdient haben. Dies belastet noch heute das Verhältnis zwischen farbigen und jüdischen Amerikanern. Vor allem radikal-moslemische Schwarzen-Verbände legen immer wieder den Finger auf die Wunde der Sklaverei und schrecken dabei auch vor Tönen nicht zurück, die auf jüdischer Seite als antisemitisch empfunden werden.

Ein anderes Opfer des „Anzeigen-Krieges" ist die Firma Bayer, obwohl sie sich ebenso wie Daimler-Chrysler freiwillig zu Zahlungen an ehemalige Fremdarbeiter bereiterklärt hat. Bayers „größter Kopfschmerz" seien „Menschenexperimente" und „Sklavenarbeit", dichteten die Anzeigen-Texter und stellten ein Bild des KZ-Arztes Mengele dazu. Dem Leser sollte suggeriert werden, daß der Kauf von Bayer-Präparaten auf eine Unterstützung früherer Verbrechen hinauslaufe. Abgesehen davon, daß Menschenexperimente auch in den USA vorgekommen sind, und zwar noch nach 1945, könnte man heute Boykott-Anzeigen gegen amerikanische Baumwoll-Produzenten schalten, weil auf deren Plantagen die Knochen schwarzer Sklaven vergraben sind.

Wer ist Edgar Bronfman?

Denkbar wären auch Aufklärungskampagnen über den Seagram-Konzern. Er dominiert weltweit den Spirituosen- und Weinmarkt. Dazu zählen Tochtergesellschaften wie Sandeman, Chivas, Glenlivlet, Martell, Mumm, Heidsieck und Perriet-Jouet. Hauptaktionär des Seagram-Konzerns ist die Familie Bronfman. Sie gilt als eine der wohlhabendsten jüdischen Familien auf der Welt. Ihr Reichtum, so wird es von den Medien berichtet, basiert unter anderem auf amerikanisch-kanadischem Schnapsschmuggel während der Prohibitionszeit. Das Schweizer Fernsehen sendete dazu 1997 eine bemerkenswerte Dokumentation. Danach haben Sam Bronfman und seine Familie in den zwanziger und dreißiger Jahren, als Alkohol in den USA verboten war und der illegale Handel blühte, einen Gewinn von rund 800 Millionen Dollar erwirtschaftet (zitiert nach „Schweizerzeit", 11. 7. 1997). Bronfman besaß in Kanada riesige Whisky-Brennereien. Die Mafia sorgte dafür, daß der US-Markt während der Prohibition nicht austrocknete. Als

Bundeskanzler Gerhard Schröder empfängt Edgar Bronfman (links), Präsident des Jüdischen Weltkongresses, und dessen Generalsekretär Israel Singer (rechts). Dazu meldete „Die Welt" am 23. Juni 1999: „Unabhängig von der ungelösten Zwangsarbeiterentschädigung hat die Bundesregierung Washington 18 Millionen Dollar (33 Millionen Mark) als Entschädigung für über 200 überlebende Insassen deutscher Konzentrationslager überwiesen, die in den USA leben. Das gab das Außenministerium in Washington bekannt." Bei 200 Empfängern sind das pro Kopf 165 000 Mark.

1933 das Alkoholverbot in den USA aufgehoben wurde, war Seagram bereits zur Stelle.

Sam Bronfmans Sohn heißt Edgar, hat ein unschätzbares Vermögen geerbt und ist seit 1981 Präsident des Jüdischen Weltkongresses. Als solcher beteiligte er sich nachdrücklich an den Kampagnen gegen die deutsche Industrie. Im FAZ-Magazin vom 6. 11. 1998 berichten Jordan Mejias und Abe Frajndlich über die politische Macht des Schnaps-Moguls:

„Unter Bronfmans finanzkräftiger Ägide hat sich der WJC in eine der gefürchtetsten und wirkungsvollsten jüdischen Organisationen verwandelt... Den WJC begreift er (Bronfman) **als eine Art supranationale Regierung,** als diplomatischen Arm der Juden in der Diaspora, gleichgültig, welcher politischen Couleur sie sind und welch religiöser Richtung sie angehören... Klopft Bronfman an, öffnet ihm praktisch jeder, Bill Clinton inbegriffen, die Tür."

Die beiden Autoren des FAZ-Magazins, vom Namen her unverdächtig, schildern den WJC als Dachverband von jüdischen Organisationen aus 84 Ländern: „Gemeinsam bilden sie eine mächtige Maschine im Dienste jüdischer Interessen." Diese Maschine sei „weitaus mächtiger", als selbst „die meisten Juden annähmen".

In seiner Autobiographie „The Making of a Jew" (G.P. Putnam's Sons, New York 1996) meint Bronfman über die Deutschen:

„Ich habe herausgefunden, daß Deutsche sich noch schuldig fühlen am Holocaust, wie sie das auch sollten. Obschon sie Milliardensummen an Reparationen gezahlt haben, empfinden viele, sie schuldeten den Juden und Israel noch etwas. Das empfinde ich auch."

Bei einem unverbindlichen Empfinden beläßt es Bronfman aber nicht. Er macht Druck auf allen Ebenen. Kein Wunder, daß Bundeskanzler Schröder schon nach wenigen Wochen begriff, daß die Verweigerung neuer Dotationen einem politischen Selbstmord gleichgekommen wäre. Dazu muß man einen weiteren Teil des Hintergrunds kennen: Bronfmans Seagram-Konzern beherrscht zentrale Bereiche des internationalen Medienverbundes. Er spielt nicht nur in Hollywood eine führende Geige (Universal Studios). Er mischt auch in Deutschland kräftig mit – zum Beispiel bei Kirch und RTL. Wer sich wundert, weshalb auf allen Kanälen in bestimmten Fragen die stets gleichen Antworten gegeben werden, muß sich einmal die Beteiligungen und Kapitalverflechtungen anschauen. Jüngste Erwerbung des Bronfman-Konzerns ist das CD-Unternehmen Polygramm, einschließlich des Klassiklabels Deutsche Grammophon.

Die meisten Bürger glauben angesichts der vielfältigen Namen und Etiketten an eine funktionierende Pluralität: Wenn so viele Stimmen von überall her das gleiche sagen, muß es doch wahr sein. Alle werden

Solche antideutschen Handzettel, unterschrieben von einer Gruppe „Juden für Gerechtigkeit", wurden im September 1999 anläßlich der Steuben-Parade in New York verteilt.

sich wohl nicht irren. Doch auch hier gilt: Wer zahlt, schafft an. Die Macht ist in wenigen Händen konzentriert. Seagram macht im Jahr rund 10 Milliarden Dollar Umsatz, beschäftigt 25 000 Angestellte. 30 Prozent des Gewinns soll künftig der Alkohol einbringen, 70 Prozent der Medien-Apparat.

Werden zum Beispiel in Hollywood bestimmte Filme gedreht, auch solche mit antideutscher Tendenz, dann laufen Vertrieb, Werbung und Rezeption über Firmen und Personen, die – für viele nicht erkennbar – zum Konzern des Produzenten zählen oder ihm zuarbeiten. Hier wäscht nicht nur eine Hand die andere, nein, hier hängen die Hände und Arme wie Tentakel an ein und demselben Kraken. Die Mitwirkenden kennen ihre Aufgabe. Das Publikum ist oft ahnungslos.

Lieschen Müller nimmt vor dem Fernseher Platz und schaut sich einen Film aus den Universal Studios an: Bronfman! Sie trinkt dazu ein Gläschen Mumm-Sekt: Bronfman! Sie erfährt aus einer RTL-Kino-Kritik, daß der Streifen sehenswert sei: Bronfman! Sie kauft eine CD mit der Film-Musik: Bronfman! Sie wechselt den TV-Kanal: Bronfman! Sie erfährt aus den Nachrichten, wie notwendig weitere Wiedergutmachungszahlungen seien: Bronfman! Sie sieht ein Interview mit dem

Präsidenten des Jüdischen Weltkongresses und hört erstmals den Namen: Bronfman!

Das schon zitierte FAZ-Magazin meint dazu, Bronfman habe „schnell herausgefunden, wie die verschiedenen Aufgaben und Positionen einander befruchten". Die Trennung zwischen Spirituosen und Spiritualien sei ohnehin weit weniger strikt, als es der Eindruck glauben mache. Auch weltanschauliche Grenzen werden vom Publikum manchmal überbewertet. Der Großkapitalist Bronfman nahm noch 1988 von Erich Honecker einen kommunistischen Orden an. Daß die Grenzen der „DDR" mit Mauern, Wachtürmen, Bluthunden, Minenfeldern und Todesschützen denen eines NS-KZ's glichen, war für Bronfman kein Grund, den roten Orden abzulehnen. Moral ist teilbar.

Das gilt überhaupt für alle politischen Wertvorstellungen. Der Kosmopolit Bronfman ermahnt andere gern zu multi-kultureller Toleranz. Immer wieder wettert er gegen Rassismus, Nationalismus, Abgrenzung, Engstirnigkeit. Die ganze Welt soll zusammenwachsen zu einem großen Supermarkt, wo überall die gleichen Filme gezeigt werden und aus den gleichen Flaschen getrunken wird. Und selber?

Bronfman erzieht die eigene Familie in strikter jüdischer Tradition. Dazu noch einmal das FAZ-Magazin:

„Das Familienoberhaupt geht so unmerklich in den WJC-Präsidenten über. Denn auch der Verband hat die Frage nach jüdischer Identität, nach einer Renaissance des jüdischen Geistes an die oberste Stelle seines Programms gerückt. In einer von Assimilation und multikulturellem Relativismus geprägten Zeit lautet die Gegenparole: Zurück zu den Wurzeln, zur Thora und den Gesetzen."

Zu dieser Haltung kann man Bronfman und den WJC nur beglückwünschen. Wie verträgt sich das aber mit den zahlreichen Ermahnungen, die uns Ignatz Bubis hinterlassen hat und die nun Michel Friedman fortsetzt? Deutsche Identität – ein Unwort! Deutscher Geist – um Himmelswillen! Widerstand gegen Multi-Kulti – das ist Rechtsextremismus! Zurück zu den Wurzeln, den germanischen in unserem Fall? Du meine Güte!

Das Messen mit zweierlei oder mehrerlei Maß, der Werterelativismus begegnet uns in der Zwangsarbeiter-Debatte wieder. Deutsches Leid wird nicht thematisiert. Nur eine Seite kommt zu Wort, meldet ihre Ansprüche an. Parteilichkeit und persönliches Interesse überlagern die Debatte. Moralische Ansprüche werden erhoben, aber mit Vorliebe gegen andere.

Der Münchner CSU-Politiker Peter Gauweiler hatte dem Zigaretten-Erben Jan Philipp Reemtsma empfohlen, sein Geld nicht zur Diffamierung der Wehrmacht einzusetzen, sondern den Opfern des Tabaks zu helfen. Auch Edgar M. Bronfman hätte viel zu tun, wollte er wenigstens einen Teil seines Vermögens jenen Menschen zugute kommen lassen, die vom Alkohol gesundheitlich ruiniert werden. Auch das, was der Seagram-Konzern medial zu verantworten hat, zählt nicht gerade zu den kulturellen Errungenschaften der Menschheit. Gewaltverherrlichung, Pornographie, Jugendgefährdung stehen neben Volksverdummung und gemeingefährlichem Schwachsinn. Edgar Bronfman ist kein Wohltäter der Menschheit, und er eignet sich auch nicht als Oberlehrer der Deutschen.

Gefährliche Eskalationsspirale

Dieser deutliche Hinweis muß erlaubt sein, wenn politische Debatten von interessierter Seite immer wieder „hochmoralisch" aufgeladen werden. Wo es nachvollziehbare Rechtsansprüche gibt, bedarf es solcher Aufladung nicht. Deutschland hat seine Bereitschaft zu umfangreicher Wiedergutmachung aus eigener Überzeugung häufig genug unter Beweis gestellt. Moralische Belehrungen in so krasser Form, wie wir sie jetzt erleben müssen, sind fehl am Platz. Wer sie dennoch meint vorbringen zu müssen, darf sich über Retourkutschen nicht wundern.

Boykottaufrufe und Drohungen mit einem Wirtschaftskrieg sind unanständig und gefährlich. Das hinter uns liegende Jahrhundert hat grausam gezeigt, wohin Haß, Unversöhnlichkeit und Hybris fuhren können. Kein materielles Interesse rechtfertigt das Drehen an einer solchen Eskalationsspirale. Am allerwenigsten verträgt das deutsch-jüdische Verhältnis kriegerische Töne. Glücklicherweise gibt es neben Bronfman auch andere jüdische Stimmen. Sie müssen gerade in der jetzigen Situation hervorgehoben werden, um der Gefahr antisemitischer Pauschalierungen entgegenzuwirken.

Ungebührlich und unanständig

Am 1. März 1999 veröffentlichte die Wiener „Kronenzeitung", Österreichs auflagenstärkstes Blatt, ganzseitig die deutsche Übersetzung eines Artikels, den Charles Krauthammer kurz zuvor in der „Washington Post" plaziert hatte. Krauthammer gilt als einer der führenden Kolumnisten Amerikas. Einige Kernsätze:

— „Die Milliardenjagd nach Holocaust-Schuldgeld ist vom Ungebührlichen ins Unanständige abgeglitten."

— „Der Holocaust muß im Gedächtnis bleiben. Aber er ist kein Instrument zur Geldmache. Die Toten werden geehrt, wenn man die Wahrheit lernt und der Welt nie das Vergessen erlaubt, nicht indem man aggressive Verhandlungen mit Firmenchefs erzwingt, deren Generation keinerlei Schuld an den Verbrechen trägt."

— „Es war schon problematisch, als Israel vor 45 Jahren deutsche Reparationen akzeptierte. Doch damals ließ sich das mit einer Notlage rechtfertigen... Heute ist nur sicher, daß als Folge des grotesken Geldgerangels das Stereotyp des Shylock, des jüdischen Wucherers, wieder auflebt."

Dies sind Worte aus dem Mund eines Unverdächtigen. Man hätte sie sich auch von führenden Vertretern der jüdischen Gemeinden in Deutschland gewünscht. Statt dessen kamen aus dieser Richtung neue Ansprüche und Forderungen, in denen der US-Kolumnist Krauthammer die Gefahr sieht, „auf dem Andenken an Opfer eine Industrie aufzubauen". Und: „Was als Versuch begann, beschlagnahmte Schweizer Bankkonti einzelner Holocaust-Opfer zu finden, hat sich in eine Schatzsuche hungriger Anwälte und jüdischer Organisationen verwandelt."

Der US-jüdische Entschädigungs-Anwalt Mel Weiss (rechts) mit einem seiner Mandanten vor der Presse. Im Hintergrund links eine Zeitungsanzeige gegen „Ford". In der deutschen Filiale des amerikanischen Automobilkonzerns hatten von 1943 bis 1945 Fremdarbeiter Militärfahrzeuge für die deutsche Wehrmacht hergestellt. Firmenchef Henry Ford war schon 1938 von Emissären Hitlers mit dem Großkreuz des Adlerordens ausgezeichnet worden. Mel Weiss sagte (laut SZ Nr. 232/99), von deutscher Seite müßten „mindestens 36 Milliarden Mark" angeboten werden. Welcher Anteil auf den US-Konzern entfallen würde, blieb unklar. Die Vorstellung, daß auch die eigene Industrie zur Kasse gebeten werden könnte, liegt den meisten Amerikanern fern.

Bei allem stellt sich die Frage, welche Kontrollmechanismen den Mißbrauch verhindern oder zumindest einschränken können. Gesunder Menschenverstand hätte eigentlich angenommen, daß die Forderungen im Laufe der Jahrzehnte deutlich zurückgehen würden. Davon ist allerdings nichts zu spüren. Die Biologie scheint auf diesem Gebiet nach anderen Gesetzen zu funktionieren.

Der Schweizer Professor Jörg Fisch (Universität Zürich) hat 1992 eine umfassende Studie unter dem Titel „Reparationen nach dem Zweiten Weltkrieg" vorgelegt. Darin heißt es über den Wiedergutmachungsboom:

„Der Gesamtvorgang war sowohl hinsichtlich des Umfangs der Leistungen als auch der Zahl der Empfänger einmalig. Bis Ende 1987 beliefen sich die Entschädigungszahlungen auf gut 63 Milliarden Mark, während man zu Beginn mit drei bis vier Milliarden für die Entschädigung und mit fünf bis zehn Milliarden für die Wiedergutmachung insgesamt gerechnet hatte."

Die ursprünglich veranschlagten Zahlen haben sich also mehr als verzehnfacht. Dabei darf man davon ausgehen, daß in den ersten Jahrzehnten nach Kriegsende die Sachkenntnis über das Verfolgungsgeschehen durch die zeitliche Nähe weit besser war als heute. Täter, Opfer und Zeugen gab es zuhauf. Keine Gruppe konnte der anderen etwas vormachen. Auch die Anwälte und Richter entstammten noch der Erlebnisgeneration. Um so seltsamer nimmt sich die Inflationierung der Zahlungen aus. Wieso sollte man sich in den fünfziger Jahren so ungemein verrechnet haben, obwohl doch die Opferzahlen schon beim Nürnberger Siegertribunal 1945/46 detailliert festgeschrieben worden waren, ohne daß sich daran später wesentliches geändert hätte? Die Literatur zu diesem Thema bietet keine Antwort.

Deutsche Wiedergutmachungsrenten gehen seit bald sechs Jahrzehnten in alle Welt. Fragt man in Bonn nach, wie denn kontrolliert werde, ob die Empfänger überhaupt noch leben, erntet man Achselzucken. Man überweist auf das einmal angegebene Konto, und das Monat für Monat, Jahr für Jahr. Wer das Geld in Israel, Brasilien, Südafrika, in den USA oder sonstwo abhebt – wer wollte das in Bonn mit Gewißheit sagen? Man hat es ja zunächst nicht einmal bemerkt, als der jüdische Zentralratsvorsitzende Werner Nachmann mitten in Deutschland mehr als zwanzig Millionen Mark Wiedergutmachungsgelder unterschlug. Wie wollte man da erst die Mittelströme in fernen Ländern und Kontinenten kontrollieren?

1998 wies das Bonner Landgericht den Anspruch von 21 jüdischen Frauen aus Polen, Ungarn und Deutschland auf Entschädigung für Zwangsarbeit während des Krieges ab, weil die Klägerinnen bereits nach dem Bundesentschädigungsgesetz (BEG) Zahlungen erhalten hatten und laufende Renten beziehen. Nach Ansicht des Gerichts ist damit auch die Zwangsarbeit abgegolten. Das Oberlandesgericht Köln wies die Berufung der Kläger gegen das Urteil Anfang 1999 zurück. Das ist die Rechtslage!

Der Fall belegt das Bemühen um Doppel- und Mehrfachversorgungen. In der veröffentlichten Diskussion ist aber weithin der Eindruck entstanden, als handele es sich bei den Zwangsarbeitern kollektiv um eine Opfergruppe, die noch nie auch nur einen Pfennig aus deutschen Wiedergutmachungskassen erhalten habe. Zugleich heißt es, man müsse sich beeilen, weil sonst keiner der Empfänger mehr am Leben sei. Der psychologisch-propagandistische Druck läßt kritische Fragen kaum noch zu.

„Doch die lautstarken Interessenvertreter der Holocaust-Opfer sind inzwischen auch besonnenen Juden unheimlich geworden", berichtete der „Spiegel" (Nr. 29/98). Israels Botschafter in der Schweiz, Yitzhak Mayer, kritisierte in einem Memorandum an das Jerusalemer Außenministerium den Alleinvertretungsanspruch des Jüdischen Weltkongresses und zählte eine Reihe von Fragen auf, die jeder Wiedergutmachungskampagne vorausgehen müßten:

— Bis wann haben Holocaust-Opfer und deren Erben ein Forderungsrecht?

— Wer beerbt die Opfer, die keine direkten Nachkommen haben?

— Wie sind Holocaust-Opfer überhaupt zu definieren: wer Auschwitz überlebt hat oder auch diejenigen, die aus Deutschland und Europa beizeiten emigriert sind?

— Sollte sich schließlich die persönliche Entschädigung am Lebensstandard der USA oder an demjenigen etwa baltischer Staaten ausrichten?

Schon diese berechtigten Fragen des israelischen Diplomaten Yitzhak Mayer zeigen, daß es längst nicht mehr nur um Forderungen von Menschen geht, die selber unter dem Nationalsozialismus gelitten haben. Seit einigen Jahren attestiert man auch Nachgeborenen die Schäden eines sogenannten NS-Traumas. Es reichen Eltern oder Großeltern, die

Die Rechtslage

In einer Stellungnahme aus dem Jahr 1996 (Bundestags-drucksache 13/4787) zur Frage der Zwangsarbeit betont die Bundesregierung, die Forderungen der während des Zweiten Weltkriegs in Deutschland beschäftigten Ausländer

„können nach allgemein anerkannten völkerrechtli-chen Grundsätzen nicht von einzelnen Personen und auch nicht gegen einzelne Personen oder privatrecht-liche juristische Personen, sondern nur von Staat zu Staat als Reparationsverlangen geltend gemacht wer-den... Deutsche Privatunternehmen können deshalb von ausländischen Zwangsarbeitern nicht in An-spruch genommen werden. Auch deutsche Gesetze sehen solche Ansprüche nicht vor."

Die Bundesregierung erinnert in diesem Zusammenhang an den 1953 ausgesprochenen Verzicht Polens auf weitere Re-parationen gegenüber ganz Deutschland und stellt gleichzei-tig fest:

„Dem Zweck der Reparationen als Teil eines friedens-stiftenden und friedenssichernden Prozesses ist zu entnehmen, daß solche Regelung in einem zeitlich angemessenen Zusammenhang mit der Beendigung des Kriegszustandes zu erfolgen habe... 50 Jahre nach der Beendigung des Zweiten Weltkrieges hat die Reparationsfrage ihre Berechtigung verloren."

Zu ergänzen ist: Auch die UdSSR hat in einer Protokoll-Er-klärung vom 22. August 1953 Deutschland von weiteren Ent-schädigungsleistungen befreit („Erlaß der deutschen Repa-rationszahlungen"). ∎

in der Familie vom Holocaust erzählt haben. Die Kinder und Kindeskinder sehen sich dann in das Verfolgungsschicksal eingebunden. Ihnen sei dadurch eine normale Entwicklung verwehrt. Einige scheitern in der Schule oder im Beruf, andere werden sogar kriminell, Ehen gehen kaputt – alles Spätfolgen von Auschwitz?

Würde man dieser Interpretation folgen, müßten auch die Kinder und Enkel deutscher Vertriebener oder Bombenopfer einem neuerlichen Lastenausgleich zugeführt werden. Der Opferstatus läßt sich aber nicht vererben. Es wäre wohl auch eine Beleidigung für die Toten und tatsächlich Geschädigten, wenn man ihr Schicksal mit den Befindlichkeiten unverfolgter Nachkommen in eins setzen würde. Das kollektive Gedächtnis eines Volkes darf nicht mit einem kollektiven Geldbeutel verwechselt werden.

Mißtrauen gegen Organisationen

Längst wundern sich besonnene Juden, mit welcher Rücksichtslosigkeit jüdische Organisationen um das Fell des deutschen Bären streiten. Der deutsch-jüdische Historiker Professor Michael Wolffsohn meint dazu: „Daß ein Verband für individuelle ‚Gerechtigkeit' sorgen könne, darf man getrost als Utopie oder Wortnebel bezeichnen. Gerade die bisherige Praxis bei der finanziellen Wiedergutmachung bestätigt die Skepsis." Man wisse, „daß viele jüdische Opfer den jüdischen Organisationen mißtrauen. Sie haben bei der ‚Wiedergutmachung' seit den fünfziger Jahren und nach der Wiedervereinigung keineswegs nur gute Erfahrungen mit ihren Verbänden gesammelt" („Die Welt", 18. 2. 99).

Leider führt der Historiker keine Einzelheiten aus. Immerhin geht es um Milliarden. Der Hinweis auf ein „undurchsichtiges Gießkannenprinzip" (Wolffsohn) ist reichlich vage. Das hätte man gern genauer gewußt. Auch seitens der Opfer. Doch Genauigkeit würde vielleicht Illusionen zerstören, die man politisch braucht, um nicht erhebliche Teile der Wiedergutmachung in Frage stellen zu lassen. In anderen Zusammenhängen würden die politisch Verantwortlichen nicht zögern, eine Untersuchungskommission einzusetzen und Gelder bis zur endgültigen Klärung einzufrieren (man stelle sich beispielsweise vor, deutsche Vertriebenenverbände wären ähnlichen Vorwürfen ausgesetzt). Aber das deutsch-jüdische Verhältnis ist von Ängsten und Tabus durchdrungen. Nur nicht daran rühren! Laufen lassen! Diese Vogel-Strauß-Politik beinhaltet freilich auch die Gefahr eines latenten Verdrusses. Zahlende wollen in der Regel wissen, wofür und an wen sie zahlen. Die Gießkanne, von der Wolffsohn spricht, eignet sich schlecht als Vertrauenssymbol.

Bodo Hombach, der Kanzleramtsminister, meinte nach seinen Gesprächen in New York: „Die Wirtschaft möchte, wenn sie soviel Geld einzahlt, natürlich auch sicher sein, daß sie das nicht zweimal tun muß, nämlich einmal freiwillig und dann auch noch nach Gerichtsverfahren." Das klingt gut, klingt sogar besser als das, was zuvor die Regierung Kohl in solchen Zusammenhängen zu sagen pflegte. Und trotzdem ist es nur unverbindliches Wortgeklingel. Was die deutsche Wirtschaft möchte und was womöglich auch deutsche Politiker möchten, ist das eine. Was jüdische Verbände und Einflußpersonen wollen, ist das andere, und zwar das Gewichtigere.

Ignatz Bubis jedenfalls reagierte auf die Sicherheitswünsche der deutschen Wirtschaft mit den Worten: „Ich sehe da noch gewisse Probleme, ob sie tatsächlich diese 100prozentige Absicherung bekommen. Und was passiert, wenn sie sie nicht bekommen, das steht alles noch in den Sternen" („Die Welt", 18. 2. 99).

An der Richtigkeit dieser Aussage hat sich auch nach Bubis' Tod nichts geändert. Die amerikanische Justiz legt Wert auf ihre Unabhängigkeit. Die US-Regierung kann Meinungen äußern, Empfehlungen geben. Mehr nicht. Wieviel Deutschland auch zahlt, gegen Sammelklagen und andere juristische Finessen gibt es keinen verläßlichen Schutz. Dies um so weniger, als die Zahlungen zur Hauptsache an Verbände gehen, nicht an Personen. Welcher Mißbrauch hier möglich ist, braucht nicht ausgeführt zu werden. Das Beispiel der östlichen Stiftungen reicht. Was ist, wenn Kläger kommen, die vorgeben, nichts oder zu wenig erhalten zu haben? Fängt dann alles wieder von vorne an?

Zur Irreführung der Öffentlichkeit zählt auch der gezielt erweckte Ein-

Zahlungen deutscher Firmen für Zwangsarbeit
Ausgewählte Beispiele in Millionen Mark

An die Jewish Claims Conference (1958-1988)	Direktzahlungen (1994-1998)
IG Farben................................27	Diehl..3
Krupp.....................................10	Zunächst für etwa 200 Ex-Arbeiter
Siemens...................................7	Degussa, Hamburgische Electricitäts-Werke — Überweisungen nicht bezifferter Beträge an ehemalige Zwangsarbeiter aus Polen
AEG..4	
Rheinmetall............................2,5	
Feldmühle Nobel........................5 Rechtsnachfolgerin der Fr. Flick Industrieverwaltiung	**Zugesagte Entschädigungen (1998)**
Daimler Benz...........................20 davon 10 Mio. Mark an versch. Verbände	VW...20
5 an eine polnische Stiftung	Siemens...20
	(Quelle: Deutscher Bundestag)

druck, als hätten deutsche Konzerne bislang überhaupt nichts an Wiedergutmachung geleistet. Wahr ist das Gegenteil: VW hat an Zwangsarbeiter pro Kopf 10 000 Mark gezahlt, ein Betrag, der im Osten die zehnfache Kaufkraft hat. Dazu muß man wissen, daß die heutige Volkswagen AG nicht Rechtsnachfolgerin der damaligen Volkswagenwerk GmbH ist. Es wird also ohne Rechtsgrundlage gezahlt – zu Lasten der heutigen Aktionäre, die mit dem Dritten Reich nichts zu tun hatten.

Die IG Farben schüttete an NS-Geschädigte bislang 27 Millionen Mark aus („Die Welt", 17. 2. 99). Der Daimler-Benz-Konzern teilte mit, er habe wegen der Beschäftigung von Zwangsarbeitern bereits 1988 an verschiedene Organisationen mehr als 20 Millionen Mark gezahlt (Coburger Tageblatt, 27. 8. 98). Und Siemens meldete, bereits Anfang der sechziger Jahre an die Jewish Claims Conference Millionenbeträge geleistet und sich damit zu seiner „moralischen Verantwortung" bekannt (SZ, 25. 9. 98) zu haben.

Im Februar 1998 hat die Dresdner Bank 80 000 Mark an zehn ehemalige Zwangsarbeiter der Adlerwerke in Frankfurt am Main gezahlt, an denen die Bank während des Zweiten Weltkriegs beteiligt war. Die Entschädigung erfolgte unabhängig von dem kurz darauf vereinbarten Fonds. Zum Dank beschimpften jüdische Gruppen in England das deutsche Geldhaus als „SS-Bank" und protestierten dagegen, daß der Umbau des britischen Verteidigungsministeriums von einem Konsortium unter Führung der Dresdner-Bank-Tochter Kleinwort Bensen finanziert wird.

Im März 1998 spendete die Deutsche Bank 5,6 Millionen Mark aus Goldverkäufen an zwei jüdische Organisationen. Das Geld stammte aus der Veräußerung von 323 Kilogrammm Gold im Jahr 1995, bei dem es sich – so die dpa-Formulierung – „möglicherweise um einen Raubgoldbestand aus der NS-Zeit gehandelt haben könnte". Möglicherweise und könnte. Es ist schon erstaunlich, wie großzügig – oder muß man sagen: leichtfertig? – deutsche Banken mit dem Geld ihrer Kunden umgehen. Was ist, wenn das Gold aus ganz anderer Quelle stammt? Kein Deutscher bekäme von einer Bank Millionenbeträge nur aufgrund eines Konjunktivs.

Auf zusammen fast 100 Millionen Mark beläuft sich die Summe, die deutsche Unternehmen für im Krieg beschäftigte Zwangsarbeiter bereits ausgegeben haben. Von den öffentlichen Entschädigungstöpfen war schon an anderer Stelle die Rede. Bei allen Zahlungen hat man so getan, als werde damit eine finanzielle Schuld abgetragen, und zwar ein für allemal. Genau hier liegt das eigentliche Problem: Wie häufig haben die Deutschen schon abwiegelnde Wörter wie „erstmalig", „einmalig", „abschließend" gehört? Wie oft war bereits von „Endabrechnung", „Schlußstrich" und „Aufschlagen eines neuen Kapitels" die Rede? Das neue Kapitel gehörte dann stets zu dem alten (Schuld-)Buch.

Die Deutschen stecken in einem Teufelskreis: Je großzügiger sie zahlten, desto begehrlicher wurden die Ansinnen. Kein Betrag war hoch genug, keine Rechnung die letzte. Es bedarf keiner prophetischen Gaben, um vorherzusehen, daß es ein Ende der Forderungen nicht geben wird. Jedenfalls so lange nicht, wie die Deutschen in Sack und Asche daherkommen.

Diehl und Schindler

Der Nürnberger Unternehmer Karl Diehl (Bild) hat freiwillig fast 200 ehemaligen Fremdarbeitern seines Werkes Lohnnachzahlungen gewährt: 1000 Mark für jeden Arbeitsmonat. Dank? Keiner. Nach Ansicht der Grünen wird Diehl auch nicht dadurch entlastet, daß er bereits von 1942 an die oppositionelle „Freiheitsaktion Bayern" unterstützte und Juden half. „Auch Nazi-Größen haben dem einen oder anderen Juden, aus welchen persönlichen Gründen auch immer, geholfen zu fliehen oder mit falschen Papieren zu überleben", sagte die grüne Landtagsabgeordnete Christine Stahl. Es sei falsch gewesen, daß die Stadt Nürnberg den Unternehmer kürzlich mit der Ehrenbürgerwürde ausgezeichnet hat. Der rot-grüne Einwand erstaunt. Vor einiger Zeit lockte der Hollywood-Film „Schindlers Liste" Millionen von Menschen ins Kino. Leinwandheld Oskar Schindler, NSDAP-Mitglied und Unternehmer, hatte jüdische Zwangsarbeiter vor der Deportation bewahrt. Dies trug ihm nach 1945 hohe Ehrungen auch in Israel ein. Aber: Wäre Schindler nicht tot, müßte er heute Vorwürfe ertragen wie Diehl. Und er sähe sich Entschädigungsforderungen ausgesetzt. Hollywood ist eben das eine – und die politische Realität das andere.

Man sollte sich hier auch vor falschen Feindbildern hüten. US-jüdische Organisationen und Anwälte vertreten ihre Interessen. Das ist ihr gutes Recht. Jedermann steht es frei, von anderen irgendetwas zu verlangen. Die Welt ist voller Lobbyisten. Bei der Durchsetzung vermeintlicher Ansprüche sind der Phantasie kaum Grenzen gesetzt. Es fragt sich nur, ob die in Anspruch Genommenen mitspielen. Gewerkschaften können zum Beispiel Lohnerhöhungen nur durchdrücken, wenn die Arbeitgeber zustimmen. Streiks sind ein Druckmittel, Aussperrungen die Antwort. Das Ergebnis muß von beiden Seiten getragen werden.

Ähnlich ist es mit den Boykott-Drohungen US-jüdischer Verbände. Man kann sich ihnen beugen – oder auch nicht. Niemand zwingt die deutsche Regierung oder die deutsche Industrie zum Einlenken. Wer andere boykottiert, muß damit rechnen, selber boykottiert zu werden. Als die Schweiz mit diesem Kampfmittel bedroht wurde, nahm die dortige Discount-Kette Denner alle in den USA hergestellten Produkte aus ihren Regalen. Swatch-Chef Nicolas Hayek kündigte an, er werde bei einem Boykott gegen Schweizer Firmen keine US-Teile für seine Uhrenherstellung mehr kaufen. Fast 70 Prozent der Schweizer befürworteten in einer Meinungsumfrage den Gegenboykott. Trotzdem beugten sich die eidgenössischen Banken den Forderungen aus New York und ermutigten damit zur Anschlußkampagne gegen Deutschland.

Die internationale Wirtschafts- und Handelsverflechtung läßt einseitige Schädigungen kaum mehr zu, jedenfalls nicht unter den großen Industriestaaten. Der Freihandel ist vertraglich abgesichert. Hinzu kommt, daß es unter den Großkonzernen kaum noch „deutsche" Firmen gibt. Daimler-Chrysler ist ein exemplarisches Beispiel. Die Aktien sind über die halbe Welt verteilt. Ein Amerikaner, der Daimler-Chrysler boykottieren wollte, weil Mercedes-Benz in diesem Konzern aufgegangen ist, würde sich gewissermaßen ins eigene Fleisch schneiden.

Vor einem Boykott braucht man also nicht allzuviel Angst zu haben. Zwar besitzen US-jüdische Verbände eine beträchtliche Macht, doch sie sind auch klug genug, der eigenen Klientel keine Schäden zuzufügen. Und diese Klientel ist an der Globalisierung sehr interessiert. Die Vorstellung nationaler Wirtschaftskriege paßt dort gar nicht ins Konzept.

Deutsche Politik versagt

Leider erwecken deutsche Politiker, Wirtschaftsverantwortliche und Journalisten den Eindruck, als müsse sich Deutschland jeder Zumutung beugen, um nur nicht boykottiert zu werden. Dies ist die Ausrede, weshalb man keinen Widerstand leistet. Da sieht es dann so aus, als sei der Kniefall eine patriotische Herkulestat nach dem Motto: Wir lassen uns

Seit Jahrzehnten ist Peter Gingold (Bild) auf Demonstrationen zu sehen. Die Presse stellt ihn gern als „KZ-Überlebenden" vor. Was nicht gesagt wird: Gingold ist ein Überbleibsel der kommunistischen Agitprop-Szene. Nach dem Zusammenbruch von Sowjetblock und DDR war es zunächst still um ihn geworden. Die Zwangsarbeiter-Debatte hat ihn und andere DKP/VVN-Aktivisten noch einmal aus dem Ruhestand gescheucht. War schon die deutsche Einheit nicht zu verhindern gewesen, so soll jetzt wenigstens dafür gesorgt werden, daß die „Berliner Republik" am NS-Pranger bleibt. Hinter solchen antideutschen Kampagnen stecken, schon tröstlich, die immer gleichen Leute: links und ewiggestrig.

schädigen, damit nicht noch größerer Schaden entsteht. In Wirklichkeit scheut man die Probe aufs Exempel. Man will sich der eigenen Stärke gar nicht versichern. Viel bequemer ist es, den Deutschen einzureden, daß eine Wahrnehmung nationaler Interessen ohnehin zwecklos sei. Damit sind unsere Politiker gut aus der Verantwortung.

Letzteres gilt übrigens auch für einen Teil der Versicherungs-, Bank- und Wirtschaftsvorstände. Sie haften nicht persönlich. Sie sind – wenn auch gut dotiert – nur Angestellte. Schmälerungen der Unternehmens-kasse mindern ihren eigenen Status nicht. Eine Bilanzverschlechterung geht zu Lasten der Aktionäre. Wäre es eigenes Geld, würde sich so mancher Vorstand sehr genau überlegen, ob er Forderungen erfüllt, die keine Rechtsgrundlage haben. Bei fremdem Geld kann man großzügiger sein.

Stichwort Rechtsgrundlage: Sogar die Forderungssteller räumen ein, daß ihre Ansprüche „moralischer" Natur sind. Sie richten sich teilweise gegen Firmen, die es vor 1945 noch gar nicht gab, und auch gegen Unternehmen, die zwar Fremdarbeiter beschäftigt, diese aber tariflich bezahlt haben. Im Geschäftsleben und auch im Steuerrecht spielen „moralische" Ansprüche eigentlich keine Rolle. Freiberufler und GmbH-Geschäftsführer wissen, mit welcher Akribie bei einer Steuerprüfung Ausgaben auf ihre Rechtmäßigkeit untersucht werden. Geschenke an Geschäftsfreunde sind nur bis zu einem Wert von DM 75,- steuerlich absetzbar. Auch „Entschädigungen", die keine Rechtsgrundlage haben, sind Geschenke, auch wenn das Wort in diesem Zusammenhang natürlich gemieden wird.

Die rot-grüne Koalition, eigentlich nicht sonderlich unternehmensfreundlich, beeilte sich deshalb mit der Versicherung, daß die Firmen die Zahlungen für Zwangsarbeiter von der Steuer absetzen können. Lediglich der Vorsitzende des Bundestags-Innenausschusses, Willfried Penner (SPD), hatte sich dagegen ausgesprochen, einmal aus grundsätzlichen Erwägungen, aber auch, weil der schon mit Billionen verschuldeten Staatskasse weitere Milliarden verloren gehen. Bundesfinanzminister Hans Eichel sprach mit Blick auf die Zwangsarbeiter-Zahlungen von einem unabschätzbaren Haushaltsrisiko. Unerwartete Steuermehreinnahmen, so Eichels Hinweis im November 1999, könnten nicht zu den dringend erforderlichen Steuersenkungen führen, weil man ja die Entschädigung finanzieren müsse. Einerseits gelte es, den Stiftungsfonds zu bedienen. Andererseits habe man Steuerausfälle wegen der Absetzbarkeit der Zahlungen.

Halten wir fest: Die öffentlichen Hände in der Bundesrepublik sind auf allen Ebenen restlos überschuldet. Die Zinslast raubt dem Staat die Möglichkeit zur Finanzierung dringender Aufgaben. Renten- und Krankenversicherung stehen vor dem Kollaps. Die Beseitigung der

Fremdarbeit – keine Verfolgung

Nach der geltenden Rechtsprechung des Bundesgerichtshofes (BGH) ist Verfolgter nur, wer aus den Verfolgungsgründen des § 1 Bundesentschädigungsgesetz (BEG) verfolgt wurde. Der BGH verneint rassische Verfolgungsgründe für nichtjüdische Angehörige der osteuropäischen Staaten. Fremdarbeitereinsatz erfolgte demnach aus „kriegswirtschaftlichen Gründen" und diente „in erster Linie und vorwiegend der Beseitigung des kriegsbedingten Mangels an Arbeitskräften".

„Der BGH hat bisher den Unrechtscharakter der Fremdarbeiterdeportationen verneint", schreibt Dr. Cornelius Pawlita, Richter am Sozialgericht Frankfurt/M., in der Zeitschrift für Sozialreform (Heft 1/98).

Was Lohnnachzahlungen anbelangt, entschied der BGH schon 1967, daß sämtliche Ansprüche auf Lohn (unabhängig von ihrer rechtlichen Einordnung) der zweijährigen Verjährung nach § 196 I Nr. 9 BGB unterliegen. ∎

sozialistischen Erblast in Mitteldeutschland kostet Hunderte von Milliarden. Die andauernde Massenarbeitslosigkeit und der Asylmißbrauch sind kaum noch zu bezahlen. Dennoch verschenken wir jährlich rund 25 Milliarden Mark an die EU – von NATO, UN und Kriegseinsätzen im Dienste der Amerikaner ganz zu schweigen. Einige hundert Milliarden sind an Rußland und andere Staaten des ehemaligen Sowjetblocks gegangen.

Und dann zu allem Überfluß neue Wiedergutmachungsleistungen, Direktzahlungen und Steuerausfälle – ist das überhaupt noch zu begreifen? Will man Deutschland ruinieren? Soll ein zweites „Versailles" unserem Volk die Luft abschnüren, nachdem es sich wider Erwarten nach 1945 aufgerappelt und nun auch noch seine Einheit, wenigstens teilweise, durchgesetzt hat? In diesem Zusammenhang ist nicht zu vergessen, daß Spitzenrepräsentanten US-jüdischer Organisationen über die Wiedervereinigung gar nicht begeistert waren. Der Besuch des schon erwähnten WJC-Präsidenten Edgar Bronfman 1988 in Ost-Berlin diente der Aufwertung des SED-Regimes – glücklicherweise vergeblich.

Auch Ignatz Bubis wurde bei der Wiedervereinigung aktiv: „Ich habe damals darauf gedrängt, daß im Einigungsvertrag oder im Grundgesetz verankert wird, daß die Zeit des Nationalsozialismus ein Teil der deutschen Geschichte ist, daß Lehren für die Zukunft gezogen werden – sei es in einer Präambel, sei es in sonst irgendeiner Form" (Interview im „Stern", Nr. 31/99).

Praktisch sollten die Deutschen verfassungsrechtlich auf Auschwitz festgenagelt werden. Dies hätte die Pflicht zu ewigen Bußgeldzahlungen beinhaltet. In der Präambel des Grundgesetzes ist von Gott und dem Frieden der Welt die Rede. In diesen Kontext auch noch Adolf Hitler einzubauen, hätte selbst neudeutsche Sprachkünstler vom Schlage eines Walter Jens vor unlösbare Probleme gestellt.

Bubis resignierte dann und starb kurz darauf. „Ich habe nichts oder fast gar nichts bewirkt. Die Mehrheit hat nicht einmal kapiert, worum es mir ging." Womöglich hat sie es doch kapiert. Und deshalb anders reagiert, als es der Zentralratspräsident wollte. Frieden und Versöhnung, Toleranz und gegenseitiges Verständnis – solche hehren Ziele sind eben nicht auf der Einbahnstraße zu erreichen.

Nochmals: Es gibt auch andere jüdische Stimmen. Groß war die Trauer der Deutschen, als im März 1999 der amerikanisch-jüdische Geiger und Musikpädagoge Yehudi Menuhin starb. Er hatte schon 1947 wieder in Deutschland gespielt, allen Boykottaufrufen zum Trotz. Mehrfach verzichtete er zugunsten deutscher Flüchtlingskinder auf seine Honorare. Er reichte den Besiegten die Hand. Er malträtierte sie nicht mit Kollektivschuldthesen und Bußgeld-Rechnungen. Menuhins vorbildliche Haltung darf nicht vergessen werden. Sie schützt vor pauschalisierendem Groll und bewahrt die Menschen davor, einige New Yorker Anwälte und Verbandsfunktionäre mit dem Judentum gleichzusetzen.

Denn: Alle Lehren der Vergangenheit nützen nichts, wenn heute neuerlich Gegensätze aufgebaut und Ressentiments geschürt werden.

Das Unverständnis, das Ignatz Bubis beklagte, hat Ursachen. Es kann auch der jüdischen Seite dauerhaft nichts nützen, wenn ihre Repräsentanten hauptsächlich als Moralprediger und Geldeintreiber wahrge-

Je größer die „Entschädigung",
desto höher das Honorar

Sie brachten das deutsche Wiedergutmachungskarussell in Schwung: der New Yorker Anwalt Edward Fagan (rechts) und sein Münchner Kollege Michael Witti (links). Sogar der verstorbene jüdische Zentralratspräsident Ignatz Bubis sah sich veranlaßt, Fagan wegen seiner Millionen-Honorare einen „Halsabschneider" zu nennen. Auch der Generalsekretär des Jüdischen Weltkongresses, Israel Singer, kritisierte die Anwaltshonorare, ohne freilich zu erwähnen, daß jüdische Organisationen bis zu 15 Prozent „Gebühr" für die Verteilung deutscher Zahlungen kassieren. Witti erwiderte in der WamS (10. 11. 99), Singers „Angriff auf unser Honorar" sei „absolut unpassend und eigentlich auch unredlich". Die Anwälte würden am Ende ein Honorar einstreichen, „das in Deutschland ungewohnt ist und in Amerika mehr als selbstverständlich". Insider schätzen, daß mindestens ein Viertel, wenn nicht ein Drittel der Wiedergutmachungszahlungen in Anwalts-, Funktionärs- und Verbandskassen landet. Der „Spiegel" (Nr. 49/99) berichtete, daß über eine „Bearbeitungsgebühr als Erfolgsprämie" nachgedacht werde: „Für jede nachgewiesene Zahlung an ein Opfer könnte ein Bonus von bis zu zehn Prozent aus dem Fondsvermögen an die bearbeitenden Institutionen bezahlt werden."

nommen werden. Natürlich sollen sie sich zu Wort melden, wo ihre Interessen berührt sind. Natürlich kann niemand von ihnen verlangen, Leid und Verfolgung zu verschweigen, um anderen gefällig zu sein. Es geht nur um das richtige Maß.

Unschuldigen und Nachkriegsgeborenen mit Boykott zu drohen, wenn sie für früheres Geschehen keinen Ablaß zahlen, verletzt das Gerechtigkeitsgefühl auch gutwilliger Menschen.

Deutsche haben Nase voll

„Die antisemitische Stimmung in Deutschland wächst", schlagzeilte „Die Welt" am 20. November 1999 auf ihrer Titelseite. Darunter hieß es:

Der Streit um die Entschädigung von Zwangsarbeitern hat offenbar zu einem Anstieg des Antisemitismus in Deutschland geführt. Dies ist das Ergebnis einer Umfrage des Medienforschungsinstituts „Medien Tenor" in Zusammenarbeit mit Infratestdimap. Der Umfrage zufolge distanzieren sich weniger als 50 Prozent der befragten Deutschen von antisemitischen Aussagen. Lediglich 57 Prozent aller Befragten (Basis: 1002 Personen) lehnten die Aussage ab: „Auch heute ist der Einfluß von Juden zu groß."

Selbst bei der noch härter gefaßten Formulierung: „Die Juden haben einfach etwas Besonderes und Eigentümliches an sich und passen daher nicht so recht zu uns" reagieren nur 59 Prozent der Deutschen mit deutlicher Ablehnung...

Der „Medien-Tenor" schreibt in seiner Analyse der Zahlen, „besonders „alarmierend" sei die Tatsache, daß bei den jüngeren Befragten „nur jeder zweite Jugendliche auf antisemitische Vorurteile mit völliger Ablehnung reagiert".

Eine der Ursachen sehen die Medienforscher in der Berichterstattung zum Thema Zwangsarbeit. Bei Analyse der in- und ausländischen Berichterstattung zum Thema falle auf, daß die Folgen nationalsoziali-

Raketenbau in Harzer Stollenwerk 1944: Die hier gezeigten KZ-Häftlinge, erkennbar an der gestreiften Kleidung, werden in einigen Medien fälschlich als „Zwangsarbeiter" vorgeführt.

KZ-Haft ist längst entschädigt worden. Die undifferenzierte Verwendung des Begriffes „Zwangsarbeit" verwischt die Unterschiede zwischen Fremdarbeiter-Beschäftigung und Häftlingsarbeit. Genauso irreführend wäre es, heute in Deutschland beschäftigte Ausländer mit den Insassen von Justizvollzugsanstalten gleichzusetzen.

stischer Herrschaft auf reine Kompensationsdebatten reduziert würden. Wegen teilweise unrealistischer Forderungen vor allem der amerikanischen Anwälte von ehemaligen NS-Zwangsarbeitern würden „Juden wieder einmal in erster Linie mit Geld assoziiert".

Mitverantwortung für diese Entwicklung trugen auch die Medien mit ihrer aktuellen Berichterstattung. So würden bislang geleistete Zahlungen Deutschlands „kaum erwähnt". Ebenso würden „historische Zusammenhänge verzerrt dargestellt und die Frage nach der Gestaltungsfreiheit der damals handelnden Personen kaum gestellt". Gleichzeitig wurden internationale Verstrickungen „wie etwa die Rolle amerikanischer Unternehmen im Dritten Reich" verschwiegen, so der „Medien-Tenor".

Debatte um die Entschädigung der Zwangsarbeiter bleibt kontrovers

Frage1: Sind die Forderungen der amerikanischen Anwälte für die Zwangsarbeiter viel **zu hoch** und dienen vielfach dem eigenen Interesse, oder sind die Forderungen **angemessen**?

keine Angabe

17

58 sind eher hoch

25

sind angemessen

Frage 2: Ist es **unverschämt**, unserer Wirtschaft von ausländischer Seite mit Boykott zu drohen, falls sie sich nicht an den Entschädigungen beteiligt?

keine Angaben

13

66 ja

21 nein

(Angaben in Prozent)

Dieses Schaubild veröffentlichte „Die Welt" am 17. 11. 1999. Grundlage bildete eine Emnid-Umfrage im Auftrag des Fernsehsenders n-tv. Die Mehrheiten gegen die Entschädigungsforderungen und gegen den Ton der antideutschen Kampagne sind deutlich. Seltsamerweise heißt es bei Frage 1 im Text „viel zu hoch", im Prozentkreis aber „eher hoch". Hat der Graphiker Angst gehabt, die härtere Fragestellung zu übernehmen? Auch fällt der relativ hohe Prozentsatz von Befragten auf, die keine Angabe machen wollten. Hier spiegelt sich das aggressive Meinungsklima der Bundesrepublik: Bei Fragen nach dem deutsch-jüdischen Verhältnis halten sich viele Menschen „bedeckt". Sie fürchten den Vorwurf des Antisemitismus. Man darf deshalb davon ausgehen, daß der Prozentsatz der Entschädigungsgegner noch höher ist, als die Graphik ausweist.

Die Rolle des Grafen Lambsdorff

Im Juli 1999 wurde der FDP-Ehrenvorsitzende Otto Graf Lambsdorff zum Beauftragten der Bundesregierung für die Verhandlungen über den Entschädigungsfonds für ehemalige Zwangsarbeiter ernannt. Bis dahin hatte sich SPD-Kanzleramtsminister Bodo Hombach um diese Aufgabe gekümmert. Doch der mit Kanzler Schröder eng befreundete Genosse, ein 1952 geborener Ruhrpottler, war in politische Schwierigkeiten geraten. Beim Bau seines Privathauses, so die Vorwürfe, soll es zu finanziellen Fragwürdigkeiten gekommen sein. Schröder schickte Hombach daraufhin als EU-Beauftragten auf den Balkan, wo nach Bürgerkrieg und NATO-Bombardements Fachleute für Hausbau und Gebäudesanierung noch immer dringend gebraucht werden.

Im Unterschied zum Nachkriegskind Hombach, der den jüdischen Verhandlungspartnern recht unbefangen entgegentrat, ist Otto Friedrich Wilhelm von der Wenge Graf Lambsdorff, so sein vollständiger Name, ein Mann der Vergangenheit. Der am 20. Dezember 1926 in Aachen als Sohn eines Kaufmanns geborene Politiker entstammt westfälischem, später im Baltikum ansässigem Uradel. Die Familie hat zahlreiche Staatsdiener, darunter einen zaristischen Außenminister Anfang des 20. Jahrhunderts, vorzuweisen.

Von 1932 bis 1944 besuchte Lambsdorff Schulen in Berlin sowie die Ritterakademie in Brandenburg an der Havel. Anschließend leistete er Kriegsdienst und geriet in Gefangenschaft (bis 1946). Eine Oberschenkelamputation machte ihn zum Schwerkriegsversehrten. Er holte das Abitur nach, studierte dann bis 1950 in Köln und Bonn Rechts- und Staatswissenschaften. 1952 promovierte er zum Dr. jur. und wurde Rechtsanwalt. In der Düsseldorfer Bank- und Versicherungswirtschaft machte er berufliche Karriere.

Politisch engagierte sich Lambsdorff in der FDP, der er 1951 beigetreten war. Zunächst amtierte er als Vorsitzender des FDP-Bezirksverbandes Aachen, dann rückte er in den nordrhein-westfälischen Landesvorstand und später in den Bundesvorstand auf. Seit 1972 im Bundestag, profilierte er sich als wirtschaftspolitischer Sprecher seiner Fraktion. 1977 wurde er Bundeswirtschaftsminister und blieb dies, unter den Kanzlern Schmidt (SPD) und Kohl (CDU), bis Juni 1984. Er mußte zurücktreten, als seine Verwicklung in die Flick-Spenden-Affäre nicht länger zu vertuschen war.

Im Februar 1987 wurde Lambsdorff wegen Steuerhinterziehung bzw. Beihilfe zur Steuerhinterziehung zu einer Geldstrafe von 180 000 Mark verurteilt. Er verzichtete auf eine Revision. Empört reagierte die Öffentlichkeit auf die Tatsache, daß der gutsituierte Graf „zur Deckung seiner Anwaltskosten" 515 000 Mark aus der Staatskasse erhielt. Das heißt: Der gleiche Staat, der von Lambsdorff betrogen wurde, finanzierte auch noch die Verteidigung des Straftäters – eine Großzügigkeit, die nur zu erklären ist, wenn man weiß, wie sehr dieser Staat von den Altparteien für eigene Zwecke ausgenutzt und mißbraucht wird.

Deshalb nahm es auch nicht wunder, daß derselbe Lambsdorff im Oktober 1988 zum Bundesvorsitzenden der FDP gewählt wurde, und zwar als Nachfolger jenes Martin Bangemann, der nach Brüssel in die EU-Kommission wechselte und dort nach zehn Jahren ebenfalls in einer Affäre um Vetternwirtschaft und Mißmanagement endete. Dies alles ist auch im Zusammenhang mit der Wiedergutmachungsproblematik nicht ganz unwichtig. Denn zum einen geht es um die „Moral" der Beteiligten, und zum anderen spielt es auch eine Rolle, wie man mit Staatsgeldern umzugehen gelernt hat. Lambsdorff jedenfalls hat in der Flick-Affäre rechtskräftig unter Beweis gestellt, daß er im Zweifelsfall den Zweck die Mittel heiligen läßt – auch Mittel, die verboten sind.

Im Juni 1993 schied Lambsdorff, der zuletzt nur noch 67 Prozent der Delegierten-Stimmen erhalten hatte, aus dem Amt als FDP-Vorsitzender. Seitdem wurde es ruhiger um ihn. Seine Berufung zum Regierungsbeauftragten für die Zwangsarbeiter-Entschädigungsverhandlungen kam für viele überraschend, zumal sich der Graf zuvor nicht gerade als Freund von Rot-Grün profiliert hatte.

Bezeichnenderweise war es (der kurz darauf verstorbene) Ignatz Bubis,

„Für Deutschland in Liebe und Treue" begann die FDP-Karriere des Otto Graf Lambsdorff (hier mit dem US-jüdischen Verhandlungsführer Stuart Eizenstat).

der den Wechsel von Hombach auf Lambsdorff demonstrativ mit Vor-schußlorbeeren bedachte: Kanzler Schröder, so der Zentralratspräsi-dent wörtlich, habe „keine kompetentere Persönlichkeit finden kön-nen". Er, Bubis, unterstütze ausdrücklich die Wahl eines „regierungs-unabhängigen Verhandlungsführers". Der Graf sei kein Parteienver-treter, weder der Jewish Claims Conference noch der Bundesregierung („Die Welt", 24. 7. 1999).

Bubis war FDP-Mitglied, also ein Parteifreund des Grafen. Insofern verwundert die gegenseitige Sympathie nicht. Ungeheuerlich ist aber die – unwidersprochene! – Aussage, daß Lambsdorff kein Parteien-vertreter sei, womit ja nicht die FDP gemeint war, sondern die Bun-desregierung. Dies bedeutete im Klartext: Deutschland verhandelte ohne eigenen Anwalt. Lambsdorff nahm nicht nationale Interessen wahr, sondern saß zwischen den Stühlen, wobei der deutsche Stuhl auch noch unbesetzt blieb. Von gleichrangigen, ausgeglichenen Ver-handlungen konnte also überhaupt keine Rede sein. Die gegnerische Mannschaft spielte auf ein leeres Tor. Außer ihr stand auf dem Spielfeld in Gestalt des Grafen nur noch eine Art Schiedsrichter. Kein Wunder, daß sich der US-jüdische Chefunterhändler Stuart Eizenstat angetan zeigte: Lambsdorff gehe „mit Geduld und Geschick" ans Werk. Er wisse, daß er „die enge Partnerschaft beider Länder nicht gefährden" dürfe (SZ, 28. 8. 1999).

Beider Länder? Offenkundig setzt Eizenstat die US-jüdischen Verbände mit den Vereinigten Staaten von Amerika gleich, und das wohl nicht nur wegen seiner Stellung als Vize-Finanzminister der USA. Wenn aber tatsächlich die Interessen beider Länder berührt waren, dann wäre es um so notwendiger gewesen, daß sich die deutsche Seite von einem klar mandatierten Anwalt vertreten läßt, und nicht von einem über den Wassern schwebenden „Geist der Versöhnung".

Während Bubis die Katze ungeniert aus dem Sack ließ, gab die „Süddeutsche Zeitung" nur zaghafte Hinweise:

„Lambsdorff ist den deutschen Spitzenmanagern bekannt und vertraut. Andererseits hat er in seiner langen aktiven Zeit stets die Kontakte nach Washington und New York gepflegt. Er gehört zu jener kleinen Gruppe deutscher Politiker, die der politischen Klasse in den USA ein Begriff sind."

Eine schöne Umschreibung für die Tatsache, daß Lambsdorff ein eingefleischter Atlantiker ist, ein Mann, der ganz genau weiß, wo die Musik spielt und was von ihm verlangt wird. Die politische Klasse der USA, die den Grafen angeblich so schätzt, sitzt bekanntlich an der Ostküste. Hombach war dort weniger gelitten und hatte, so klagte die Gegenseite, zu wenig „Sensibilität" an den Tag gelegt.

Das sollte sich unter dem Grafen ändern. Um ihm sogleich auf die Sprünge zu helfen, wurde von interessierter Seite zunächst daran erinnert, daß er „für Hitler sogar ein Bein geopfert hat", also zu jenen zähle, deren persönliche Vergangenheit aufgearbeitet werden müsse. Reemtsmas Anti-Wehrmachts-Ausstellung, zu jenem Zeitpunkt noch nicht geplatzt, richtete sich indirekt auch gegen Lambsdorff, gegen alle deutschen Soldaten, die damals den Sieg der Alliierten zu verhindern suchten. Wer im Zweiten Weltkrieg die deutsche Uniform trug, unterliegt heute mehr denn je einem Rechtfertigungszwang. Selbst ehemaligen Widerständlern wird neuerdings vorgehalten, daß sie gegen Hitler erst aktiv geworden seien, als Deutschland auf die Verliererstraße geraten war. Lambsdorff dagegen warf sich noch 1944 in die Schlacht, als andere bereits überlegten, wie sie sich möglichst unbeschädigt und halbwegs elegant in die Nachkriegszeit hinüberretten können.

Von daher war begreiflich, daß die Forderungssteller mit des Grafen Ernennung zum Regierungsbevollmächtigten durchaus Hoffnungen verbanden. Hombach verspürte keinen Rechtfertigungsdruck. Lambsdorff aber will nur ungern daran erinnert werden, auf welcher Seite er einst kämpfte. Diese Befangenheit reichte linken Kreisen aber nicht aus. Sie holten weitere Daumenschrauben aus ihrer propagandistischen Folterkammer.

Von der Amnestie zur Amnesie

Kaum hatte Lambsdorff die ersten Gesprächskontakte begonnen, forderten mehrere linksgerichtete Organisationen seine Ablösung. Am 24. August 1999 präsentierten in Bonn der „Dachverband der Kritischen Aktionärinnen und Aktionäre" und das „Internationale Auschwitz-Komitee Berlin" Dokumente, die Lambsdorff „als Helfershelfer von Nazi-Kriegsverbrechern in den fünfziger Jahren" entlarven sollten. Auch die PDS griff die Vorwürfe auf.

Lambsdorff sei Anfang der fünfziger Jahre, als er in Aachen FDP-Bezirksvorsitzender war, mit dem ehemaligen SS-Obergruppenführer und Reichsbevollmächtigten für Dänemark, Dr. Werner Best, öffentlich aufgetreten und habe eine Amnestie für Kriegsverbrechen verlangt. 1952 habe er nach einem Bericht des Bundeskriminalamtes (BKA) den NS-Kollaborateur Antoine Touseul getroffen, der in Holland aus dem Gefängnis geflohen war und die FDP in Aachen um Hilfe gebeten hatte. Auch wurde Lambsdorff vorgehalten, er habe eine Parteiveranstaltung mit dem früheren Wehrmachtsgeneral Hasso von Manteuffel durchgeführt.

Der Beschuldigte wehrte sich und sprach von einer „Mischung aus Dichtung und Wahrheit": Mit Best sei er nicht aufgetreten. An Touseul könne er sich nicht erinnern. Und Hasso von Manteuffel sei damals immerhin FDP-Bundestagsabgeordneter gewesen.

Letzteres zumindest ist richtig, zeigt aber auch, wie sich die politischen Verhältnisse in Deutschland und nicht zuletzt bei den Liberalen gewandelt haben. Denn der Panzergeneral Hasso von Manteuffel, Träger des Ritterkreuzes mit Eichenlaub, Schwertern und Brillanten, war glühender Patriot. Nach dem Ersten Weltkrieg kämpfte er in einem Freikorps gegen marxistische Bestrebungen. Im Zweiten Weltkrieg vertraute ihm Hitler wichtige Aufgaben an der Ostfront, in Nordafrika und bei der Ardennenoffensive an. Nach der Kapitulation kam Manteuffel in britische Gefangenschaft, aus der er 1947 wieder entlassen wurde. Nach Gründung der Bundesrepublik engagierte er sich in der FDP und war von 1953 bis 1957 Mitglied des Bundestages.

Im August 1959 verurteilte ihn ein Düsseldorfer Schwurgericht wegen der Erschießung eines Soldaten im Jahr 1944 zu einer Haftstrafe von 18 Monaten. Nach zwei Haftmonaten wurde ihm die Reststrafe erlassen.

Andere Zeiten

Dies alles ist deshalb erwähnenswert, weil in den fünfziger Jahren niemand auf die Idee gekommen wäre, die deutsche Wehrmacht pauschal an den Pranger zu stellen und ehemalige deutsche Offiziere als Aussätzige zu behandeln. Das von Hitler verliehene Ritterkreuz durfte zwar nur noch ohne das eingravierte Hakenkreuz getragen werden, aber es wurde getragen, sogar bei staatlichen Repräsentationsaufgaben vom FDP-Bundesvorsitzenden und Vizekanzler Dr. Erich Mende. Dieser trat im Bundestag mit besonderem Nachdruck für die Kriegsgefangenen und Kriegsverurteilten und die Rehabilitierung des Soldatenstandes ein.

Bei den Alliierten hatte man nichts dagegen. Wegen seiner von aller Welt anerkannten neuen Panzertaktik war Hasso von Manteuffel – Verurteilung hin, Verurteilung her – in Amerika und England ein gern gesehener Ehrengast, der auch an der US-Militärakademie West Point Vorträge hielt. Eine Anti-Wehrmachts-Ausstellung wäre damals im In-

US-Anwalt Edward Fagan, Otto Graf Lambsdorff

und Ausland auf Unverständnis gestoßen. Deutsche Soldaten und Offiziere galten als die besten der Welt, tapfer und ehrenhaft. Verbrechen – das wußte man – hatte es in der Hitze des Krieges auf allen Seiten gegeben; sie waren aber individuell zu verantworten und nicht prägend für den Charakter der Frontsoldaten da wie dort (einen Sonderfall bildete die Rote Armee, da die Sowjets die Haager Landkriegsordnung nicht unterzeichnet hatten und sich besonders an Gefangenen und Frauen teilweise unvorstellbar vergingen).

Die FDP der fünfziger Jahre, in der auch Otto Graf Lambsdorff seine politische Sozialisation erfahren hat, war national-liberal. Sie empfahl sich personell und programmatisch als Sammelbecken ehemaliger Soldaten und auch NSDAP-Funktionäre. Im größten Landesverband – Nordrhein-Westfalen – wurde schon bald nach Gründung der Bundesrepublik 1949 ein „Deutsches Programm" formuliert. Es dürfe nicht zwei Klassen von Bürgern geben, erklärte 1953 der FDP-Landesvorsitzende Friedrich Middelhauve. Deshalb müsse der Weg zur Demokratie für die Millionen ehemaliger Nationalsozialisten freigemacht werden. Die FDP forderte ein Ende der Entnazifizierungen. In den NRW-Landtagswahlkampf 1954 zog die Partei mit dem Slogan „FDP – rechts ran!". Als eine Hochburg des rechten Flügels galt der FDP-Kreisverband Aachen – Kern des Parteibezirks, dem Lambsdorff damals vorstand.

Erich Mende hielt fest: „Zu Middelhauves Mitarbeitern gehörten ehemalige Amtsträger des Nationalsozialismus, die ihn in Kontakt mit dem letzten Staatssekretär des Reichspropagandaministers Dr. Joseph Goebbels, dem in Düsseldorf in der Wirtschaft tätigen Dr. Werner Naumann, gebracht hatten. Auch der Reichskommentator Hans Fritzsche, der Bevollmächtigte des Dritten Reiches in Dänemark, Dr. Werner Best, und der letzte Intendant des Reichssenders Danzig, Wolfgang Diewerge, gehörten zu diesem Kreis."

Eine besondere Rolle in der nordrhein-westfälischen FDP spielten auch Dr. Ernst Achenbach und Wolfgang Döring. Letzterer war im Krieg Offizier gewesen und dann Landesgeschäftsführer der Liberalen an Rhein und Ruhr. Der Jurist Achenbach hatte im NS-Außenministerium und an der deutschen Botschaft in Paris von 1940 bis 1943 unter Botschafter Otto Abetz gearbeitet. In den Nürnberger Siegerprozessen verteidigte er Angeklagte der IG Farben und des Auswärtigen Amtes.

Auffangbecken für Ex-Nationalsozialisten

1953 kam es zur sogenannten „Naumann-Affäre". Der ehemalige NS-Staatssekretär wurde von der britischen Besatzungsmacht unter dem Vorwurf verhaftet, er und ein Kreis von Freunden hätten die Absicht verfolgt, die FDP zu unterwandern und in Deutschland die Macht zu ergreifen. Achenbach übernahm als Rechtsanwalt die Verteidigung Naumanns. Im Laufe des Verfahrens stellte sich die Unhaltbarkeit der Vorwürfe heraus. Der Haftbefehl wurde schließlich aufgehoben, was aber die Presse nicht daran hinderte, Achenbach und Döring als Türöffner für ehemalige Nationalsozialisten anzuprangern.

Als Naumann inhaftiert wurde, „konnte die damals rechte Aachener FDP von der Bundespartei nur mühsam davon abgebracht werden, eine Protestkundgebung zu organisieren", schrieb die Süddeutsche Zeitung (Nr. 193/99).

Zum Kreis um Achenbach und Döring zählte auch der Rechtsprofessor Friedrich Grimm (nicht zu verwechseln mit dem Schriftsteller Hans Grimm). Er war bis 1945 Reichstagabgeordneter gewesen und hatte

Deutschland in wichtigen Auslandsprozessen vertreten. Aus dieser Zeit kannte er Achenbach. Um Grimm und Achenbach entstand ein „Komitee für Generalamnestie", das in kürzester Zeit Tausende von Unterschriften sammelte. Hier wirkte auch Werner Best mit. Er war über Achenbach zum Rechtsberater des Hugo-Stinnes-Konzerns geworden.

Allen Beteiligten ging es seinerzeit nicht um eine Wiederbelebung des Nationalsozialismus, sondern darum, „die Tore nach rechts zu öffnen, um Millionen enttäuschter, aber gutgläubiger Nationalsozialisten und Soldaten für die liberale Partei zu gewinnen" (Mende). Zwar erlitt dieser Prozeß durch die Naumann-Affäre einen zeitweiligen Rückschlag, doch Achenbach und Döring machten weiter Karriere – und mit ihnen auch Otto Graf Lambsdorff, der Nachwuchspolitiker aus Aachen.

Von 1957 bis 1976 gehörte Achenbach dem Deutschen Bundestag an, von 1962 bis 1976 zugleich dem Europäischen Parlament. Auch für einen Sitz in der EG-Kommission war er im Gespräch. Als Vorsitzender des FDP-Arbeitskreises für Außen-, Deutschland- und Sicherheitspolitik begleitete er Außenminister Walter Scheel im Juli 1970 zu den Verhandlungen mit der Sowjetunion (Scheel war HJ-Führer, NSDAP-Mitglied und Luftwaffen-Offizier gewesen). Mit Bundeskanzler Willy Brandt besuchte Achenbach im Dezember 1970 auch Polen.

Angeführt von der Deutsch-Französin Beate Klarsfeld, besetzte eine Gruppe von französischen Juden im Juni 1971 Achenbachs Büroräume. Dem Politiker wurde vorgeworfen, als Leiter der politischen Abteilung der deutschen Botschaft in Paris während der NS-Zeit an der Deportation von 100 000 Juden aus Frankreich mitgewirkt zu haben. Achenbach geriet in die Defensive und zog sich aus der Politik zurück. Im Alter von 81 Jahren starb er 1991 in Essen, unter anderem ausgezeichnet mit dem Großen Bundesverdienstkreuz.

Wie immer man das alles bewertet, Tatsache bleibt, daß Otto Graf Lambsdorff in diesem politischen Umfeld großgeworden ist. Leute wie Achenbach, Best, Döring, Grimm, Manteuffel, Middelhauve prägten damals das Bild der nordrhein-westfälischen FDP. „Die Welt" schrieb in einem Kommentar am 23. 8. 1999:

„Otto Graf Lambsdorff, damals Mitte zwanzig und schwer kriegsversehrt, wehrt sich auch heute noch gegen Pauschalurteile über die Waffen-SS – weil er zu viele kannte, die zur SS gezogen oder einfach von anderen Einheiten zu ihr überstellt worden waren und dann als Kriegsverbrecher galten. Ihm Nazi-Sympathien zu unterstellen, ist absurd, ob sein Einsatz für die Kriegsgeneration damals weiter ging, als es klug war, oder es heute toleriert würde, sei dahingestellt. Keineswegs absurd aber ist die Idee, daß über solche Vorwürfe auch heute noch Politiker stürzen können."

Ein seltsamer Kommentar. Ob sich jemand freiwillig zur Waffen-SS meldete oder gezogen wurde, hat mit Kriegsverbrechen nicht das geringste zu tun. Und welche Klugheit beim Einsatz für die Kriegsgeneration ist gemeint? Ging es nicht um Recht und Wahrheit, sondern um die Erwägung, was Jahrzehnte später im Rückblick opportun sein könnte?

Von rechts nach links

Die linke Süddeutsche Zeitung (Nr. 193/99) sprach von „Gerüchten aus brauner Vorzeit" und nahm Lambsdorff gegen die Rücktrittsforderungen des Auschwitz-Komitees in Schutz: „Otto Graf Lambsdorff stand in seiner späteren politischen Karriere nie im Ruf, mit den Ewiggestrigen zu paktieren." Diese Fürsprache aus linker Ecke kommt nicht von ungefähr. Denn die einstigen National-Liberalen aus der nordrhein-westfälischen FDP hatten, von der Naumann-Affäre geschockt, sehr rasch begriffen, daß sich rechtes Engagement bei den Medien nicht auszahlt. Döring, Achenbach und auch Lambsdorff orientierten sich um. Sie machten die bürgerliche FDP zum Mehrheitsbeschaffer für die SPD und leiteten in den siebziger Jahren die umstrittene neue deutsche Ostpolitik ein – mit der „Anerkennung der Realitäten" (die mittlerweile aber als Irrealitäten zusammengebrochen sind).

Ab 1971 arbeitete Lambsdorff in der Kommission mit, die die berühmt-berüchtigten „Freiburger Thesen" der FDP formulierte. Mit ihnen bewegten sich die Liberalen, der 68er Revolte nacheifernd, von

Russische Fremdarbeiter bei VW (links), östliche Fremdarbeiterin bei Siemens (rechts).

rechts nach links. Dies dürfte einer der Gründe dafür sein, weshalb die „Enthüllungen" des Internationalen Auschwitz-Komitees in keine großangelegte Kampagne mündeten. Lambsdorff sollte nur der Stock gezeigt werden.

Jeder habe eine Vergangenheit und eine Gegenwart, erklärte Kurt Goldstein, Vizepräsident des Komitees (SZ, Nr. 195/99). Lambsdorff habe sich damals als junger FDP-Politiker in einem Umfeld bewegt, zu dem auch ehemalige Nazis gehört hätten. Er habe sich dem Zeitgeist entsprechend verhalten. Leider seien die nationalsozialistischen Verbrechen nicht sofort aufgearbeitet worden. Jetzt müsse Lambsdorff zeigen, daß ihm die Nürnberger Prozesse wirklich die Augen geöffnet hätten, wie er einmal gesagt habe, und daß er aus der Geschichte gelernt habe.

Damit war der auf Lambsdorff lastende Druck deutlich angesprochen. Die Verhandlungen mit den US-jüdischen Verbänden gerieten zu einer persönlichen Bewährungsprobe nach einfachem Strickmuster: Je mehr Geld der Graf bei der deutschen Industrie und der deutschen Regierung lockermachte, desto weniger brauchte er zu fürchten, daß seine eigene Vergangenheit thematisiert wird. „Gelehrsamkeit" war gefordert. „Nürnberg" stand wie ein Menetekel an der Wand.

Und siehe da: Der Wink mit dem Zaunpfahl wirkte. Lambsdorff erweckte nicht einen Augenblick lang den Eindruck, als wolle er Deutschland vor unzumutbaren Forderungen schützen. Nein, hinter der Maske des „ehrlichen Maklers" drängte er unablässig auf neue Zuschläge und Aufstockungen. Seine in den fünfziger Jahren erhobene Forderung nach einer Amnestie, nach einem Schlußstrich unter die einseitige Verfolgung und Drangsalierung der Besiegten geriet in Vergessenheit. Einen solchen Verhandlungspartner hatte sich die Gegenseite gewünscht.

Am 28. 8. 1999 wurde Lambsdorff in der „Welt" mit dem Satz zitiert, daß es eine „biologische Lösung" nicht geben dürfe. Eine Lösung werde „mit jedem weiteren Tag, der ohne Einigung verstreiche, teurer". Die Logik solcher Argumentation erschließt sich nur schwer. Einerseits wurde Zugzwang mit dem Hinweis ausgeübt, daß die ehemaligen Zwangsarbeiter aufgrund ihres hohen Alters praktisch mit jedem Tag weniger würden. Andererseits aber sollte eine kleinere Zahl von Anspruchsberechtigten die Summe nicht etwa verkleinern, sondern vergrößern. Wie das?, fragten sich viele. Unter der Überschrift „Entschädigung für Zwangsarbeiter vererbbar" meldeten die Nachrichtenagenturen AFP und AP am 10. 11. 1999, was Lambsdorff in einem Interview gesagt hatte:

Es sei ausdrücklich vereinbart, daß alle Überlebenden, die nach dem Februar 1999 sterben, ihre Ansprüche vererben.

Im Februar 1999 war die Stiftungsinitiative der deutschen Wirtschaft ins Leben gerufen worden. Zu diesem Zeitpunkt wurden die Uhren gewissermaßen angehalten.

Mit der Vererbung von Wiedergutmachungsansprüchen ist klar geworden, daß es nicht mehr um die Opfer und deren Entschädigung geht. Ein Faß ohne Boden tut sich auf. Zur Kasse bitten nun auch Menschen, die keinen Tag im Lager saßen, keinen Tag Zwangsarbeit verrichten mußten, Menschen, die nach 1945 geboren wurden und den Nationalsozialismus nur vom Hörensagen kennen.

Am 27. 7. 1999 berichtete der Berliner „Tagesspiegel" über eine Gruppe von Israelis, die sich als „indirekte Opfer des Holocaust" begreifen. Eine 45jährige Frau wird mit dem Satz zitiert:

„Daß meine Mutter sieben Jahre lang von den Nazis gequält wurde, hat mein Leben verpfuscht." Sie, die Tochter, sei zu Hause „verbal gedemütigt" worden, habe als Kind nur selten die Wohnung verlassen dürfen, sei heute trotz Studiums arbeitslos: „Ich funktioniere nicht in der Leistungsgesellschaft." Sie findet nun, daß ihr eine finanzielle Entschädigung zustehe. Denn: „Ich brauche eine psychiatrische Behandlung, damit ich ein menschenwürdiges Leben führen kann."

Clevere Geschäftsfrau

In jener Ausgabe des „Tagesspiegels" kommt eine weitere Frau zu Wort. „Jaffa Golan ist orientalischer Abstammung, ihre Familie wurde von den Nazis nicht verfolgt." Das hindert sie keineswegs daran, in einem Brief an Bundeskanzler Gerhard Schröder zu fordern, die Kinder von Holocaust-Überlebenden „müßten auf irgendeine Weise entschädigt werden". Es gehe um die Ansprüche der zweiten Generation. „Ich kann mir vorstellen", sagt Golan, „daß sich mein Anliegen in deutschen Ohren zunächst unverschämt anhört." Gleichwohl gebe es für die Deutschen eine „moralische Verpflichtung".

Jaffa Golan ist Geschäftsfrau. Sie lebt von der Leitung eines Büros in Tel Aviv, das sich um Wiedergutmachungsrenten für Holocaust-Überlebende aus Osteuropa kümmert. Das Büro arbeitet unter dem Namen „Jaffa Golan Investment & Finances Ltd." Die regsame Orientalin hat einige tausend Klienten. Die Natur will es, daß diese Klienten nach und nach sterben. Was aber passiert dann mit Jaffa Golan und ihrem einträglichen Investment-Gewerbe? Also müssen die Deutschen wieder einmal ran. Bisher hat die clevere Geschäftsfrau von Kanzler Schröder keine Antwort erhalten. Eine Anwältin wurde eingeschaltet und arbeitet bereits an den eidesstattlichen Versicherungen der Klienten. Schon 4000 von Angehörigen der „zweiten Generation" sollen es sein. Psychiatrische Gutachten werden erstellt. Sie sollen eventuelle Klagen vor deutschen Gerichten untermauern, berichtet der „Tagesspiegel" unter der Überschrift „Vom Leiden der Kinder der KZ-Opfer".

Eine schimpfende Mutter, Ausgangsbeschränkungen in der Jugend, Arbeitslosigkeit, Leistungsprobleme – alles Spätfolgen des Holocaust und Schuld der Deutschen? Und was ist mit der dritten, vierten, fünften Generation? Sind wir nicht alle irgendwie vom Schicksal unserer Vorfahren geprägt?

Dem vererbbaren, ewigen Opferstatus gegenüber steht der ebenso vererbbare, ewige Täterstatus. Ohne diesen Täterstatus wäre der Opferstatus uninteressant, genauer: unergiebig. Zahlen sollen die Deutschen, auch die nach 1945 geborenen, also Menschen, die keinerlei Verbrechen begangen haben, sogar Menschen, die zwar einen deutschen Paß besitzen, aber in der Türkei oder sonstwo geboren wurden. Das behauptete Täter/Opfer-Verhältnis ist eine rhetorische Kunstfigur. Längst werden auch Nichttäter von Nichtopfern in Haftung genommen. Das einschlägige Wort dafür heißt „Chuzpe".

Bock als Gärtner

Mit der von Lambsdorff abgesegneten Vererbbarkeit von Zwangsarbeiter-Ansprüchen wurde ein Damm aufgerissen. Den Kindern werden die Enkel folgen, den Enkeln die Urenkel. Man kann es ihnen nicht einmal übelnehmen. Da deutsche Politiker ihrem eigenen Volk ewigwährende Schuld und ewigwährende Bußfertigkeit verordnet haben, wären potentielle Nutznießer ja dumm, wollten sie auf Sühnezahlungen und sonstige Geschenke so einfach verzichten. Es liegt in der menschlichen Natur, Vorteile zu suchen und anzunehmen. Dies ist – antisemitischen Ressentiments zum Trotz – keine jüdische Spezifität.

Nicht in der menschlichen Natur liegt die besondere Neigung der Deutschen, den eigenen Nachteil zu suchen und auf Zumutungen Dankeschön zu sagen. Ein Graf Lambsdorff als Verhandlungsführer ist nur hierzulande denkbar. Spätestens bei der Forderung nach Vererbbarkeit individueller Ansprüche hätte deutscherseits ein kategorisches Nein erfolgen müssen – auch weil in dieser Forderung eine Beleidigung der Opfer steckt. Sie haben gelitten, nicht ihre Nachfahren. Wer Betroffene und Nichtbetroffene auf eine Stufe stellt, mißachtet die Unterschiede und entwertet konkretes Erleben. Alles wird unkenntlich, austauschbar,

beliebig. Man erwirbt sein „Leid" durch vererblichen Gruppenstatus –
eine Vorstellung, die umgekehrt auch Kollektivschuldthesen und Sip-
penhaftung zuläßt. Daß auf solcher Grundlage keine Gerechtigkeit,
kein Frieden möglich ist, versteht sich von selber.

Fazit: Mit der Ernennung des Grafen Lambsdorff zum deutschen Verhandlungsführer hat die Bundesregierung den Bock zum Gärtner gemacht. Lambsdorff läßt die Deutschen zahlen, um selber aus der Schuß-
linie zu kommen. Das Kalkül des Herrn Goldstein ist aufgegangen.

Das Bismarck-Bild täuscht...

Sonderdruck aus dem Reichsarbeitsblatt

Der Einsatz
ausländischer Arbeitskräfte
in Deutschland

Berlin 1942

Die AÄ. überwachen die Durchführung des Lohn-
transfers laufend. Auch die Lagerführer und die
Beauftragten des Amts für Arbeitseinsatz der DAF.
kümmern sich darum, ob die Lohnüberweisungen
pünktlich erfolgen.

9. Sozialversicherung.

Ausländische Arbeiter und Angestellte unterliegen
grundsätzlich der deutschen Krankenversicherung,
Unfallversicherung und Rentenversicherung (Invalidenversicherung, Angestelltenversicherung, knappschaftliche Pensionsversicherung) in derselben Weise
wie die vergleichbaren deutschen Arbeitskräfte. Für
sie sind daher die Versicherungsbeiträge nach den
allgemeinen gesetzlichen Vorschriften zu entrichten;
eine Ausnahme gilt zur Zeit in der Invalidenversicherung für polnische landwirtschaftliche Arbeiter
aus dem Generalgouvernement (s. unter c Abs. 1).

a) Krankenversicherung.

Die Gewährung von Leistungen der Krankenversicherung setzt regelmäßig voraus, daß der Ver-
sicherte und — soweit Leistungen für seine Familienangehörigen in Betracht kommen — auch die Angehörigen sich innerhalb des Deutschen Reichs, das
Protektorat Böhmen und Mähren nicht einbegriffen,
aufhalten. Jedoch werden Arbeitern aus dem Protektorat Böhmen und Mähren, der Slowakei, Italien,
Ungarn, Rumänien, Frankreich, Belgien, den Niederlanden und Dänemark die Leistungen der deutschen
Krankenversicherung auch in ihrem Heimatland gewährt, wenn sie dort während eines Urlaubs er-
kranken oder wenn sie in ihre Heimat zurückkehren
und die zuständige deutsche Krankenkasse der Rückkehr zugestimmt hat. Arbeiter aus den genannten
Ländern müssen daher im Falle der Erkrankung
vor ihrer Rückkehr die Zustimmung der zuständigen Krankenkasse zur Rückkehr erwirken.
Ausländische Arbeiter oder Protektoratsangehörige,

die unter Bruch des Arbeitsvertrages in ihre Heimat zurückkehren, erhalten dort in keinem Fall Leistungen der deutschen Krankenversicherung.

Den in ihrem Heimatland zurückgebliebenen **Familienangehörigen** der Arbeitskräfte aus dem Protektorat Böhmen und Mähren, der Slowakei, Italien, Ungarn, Rumänien, Frankreich, Belgien, den Niederlanden, Norwegen und Dänemark werden im Falle ihrer Erkrankung oder ihrer Niederkunft bestimmte Familienhilfeleistungen auf Kosten

der deutschen Krankenversicherung gewährt. Die Familienangehörigen im Protektorat Böhmen und Mähren, der Slowakei, Italien, Ungarn, Rumänien, Dänemark, Norwegen und dem unbesetzten französischen Gebiet haben sich wegen der Gewährung von Familienhilfeleistungen an den für ihren Wohnort zuständigen Träger der Krankenversicherung zu wenden. Familienangehörige aus den besetzten französischen Gebieten wenden sich an die Deutsche Krankenkasse für die besetzten französischen Gebiete in Paris, Avenue de l'Opera Nr. 26, Familienangehörige in Belgien an die Deutsche Krankenkasse für Belgien in Brüssel, Rue Ravenstein 42, Familienangehörige in den Niederlanden an die Deutsche Krankenkasse in den Haag, Raamweg 90.

b) Unfallversicherung.

Ausländische Arbeiter sowie Protektoratsangehörige und ihre Hinterbliebenen erhalten die Leistungen der deutschen Unfallversicherung im allgemeinen auch beim Aufenthalt im Ausland; dies gilt insbesondere für Arbeiter und ihre Hinterbliebenen aus dem Protektorat Böhmen und Mähren, der Slowakei, Italien, Ungarn, Rumänien, Kroatien, Spanien, Dänemark, Schweden, Finnland, der Schweiz, Frankreich, Belgien, den Niederlanden und Norwegen. Auch bulgarische Staatsangehörige erhalten Leistungen der deutschen Unfallversicherung.

c) Invalidenversicherung.

Der Grundsatz, daß die in Deutschland beschäftigten ausländischen Arbeiter der deutschen Invalidenversicherung unterliegen, gilt nicht für polnische landwirtschaftliche Arbeiter, die im Generalgouvernement beheimatet sind und keinen Befreiungsschein besitzen. Diese Arbeiter hat der Betriebsführer binnen drei Tagen nach Beginn der Beschäftigung der zuständigen Landesversicherungsanstalt zu melden. Er hat für diese Arbeiter Zahlungen in Höhe des halben Invalidenversicherungsbeitrags an die Landesversicherungsanstalt zu leisten. Die in den eingegliederten Ostgebieten beheimateten polnischen Arbeiter unterliegen ebenso wie reichsdeutsche Arbeiter der Invalidenversicherung.

Die bisher bestehende Sonderstellung der italienischen Arbeiter in der deutschen Invalidenversicherung ist seit dem Inkrafttreten des deutsch-italienischen Vertrags über Sozialversicherung (1. September 1940) fortgefallen.

Fremdarbeiter in Deutschland

Im August 1944 waren im Gebiet des Großdeutschen Reiches 7,6 Millionen ausländische Arbeitskräfte als beschäftigt gemeldet, darunter 5,7 Millionen zivile Arbeitskräfte und 1,9 Millionen Kriegsgefangene.

Die zivilen Arbeitskräfte verteilten sich nach Nationalitäten wie folgt: 2,8 Millionen Russen, Ukrainer und Angehörige anderer Volksgruppen aus der Sowjetunion, 1,7 Millionen Polen, 1,3 Millionen Franzosen, 590 000 Italiener und 250 000 Belgier.

Hätte man damals diese Menschen undifferenziert und pauschal als Zwangs- oder gar Sklavenarbeiter angesprochen, wäre der stärkste Widerspruch von den Betroffenen selber gekommen. Ein erheblicher Teil von ihnen war freiwillig in Deutschland, aus politischen und sozialen Gründen. Ein anderer Teil – das gilt zuvörderst für Kriegsgefangene und jüdische Häftlinge – arbeitete unfreiwillig.

In der jüngsten Wiedergutmachungsdebatte wurde fast ausschließlich der Begriff „Zwangs-" oder „Sklavenarbeiter" verwendet. Die Gruppe der Freiwilligen kam nicht vor. Durch die Wortwahl sollte Stimmung gemacht werden: Zwang gilt in der liberalistischen Gesellschaft von Haus aus als Gipfel allen Übels. Und bei Sklaven – da hört man Ketten knirschen und Peitschen knallen.

Wie aber wirkt es auf das Selbstverständnis und die Würde freiwillig Beschäftigter, wenn man sie im nachhinein zu Sklaven stempelt, zu rechtlosen, gequälten Kreaturen? Darüber denkt in Politik und Medien niemand nach. Es geht nicht um die Betroffenen, nicht um die Wahrheit, es geht um Publikumswirkungen.

Als 1985 der heutige Geschichtsprofessor Ulrich Herbert seine Doktorarbeit über den Ausländer-Einsatz in der Kriegswirtschaft des Dritten Reiches als Buch veröffentlichte, geschah das noch unter dem Titel „Fremdarbeiter" (Neuauflage 1999, Dietz-Verlag, Bonn). Herbert, von apologetischen Absichten völlig frei, trug der Tatsache Rechnung, daß ein beträchtlicher Teil der Ausländer freiwillig in Deutschland war. Außerdem seien die Übergänge fließend gewesen. Mancher hatte sich zunächst freiwillig gemeldet, wurde nach Ablauf der Vertragszeit aber zwangsverpflichtet. Andere unterschrieben den Arbeitsvertrag nur, weil sie sonst in ihrer Heimat aus der Arbeitslosenunterstützung gefallen oder sonstigen Nachteilen ausgesetzt gewesen wären.

Ohne damaliges Geschehen zu verharmlosen, muß daran erinnert werden, daß Zwang zum menschlichen Leben gehört. Auch heute noch. Freiwillig arbeiten viele nicht. Da ist der Zwang zum Geldverdienen, weil man sonst nur schwerlich existieren kann. Manchmal kommt der Zwang hinzu, die Arbeit dort zu verrichten, wo man sie findet, oder dort, wo es der Arbeitgeber wünscht, zum Beispiel im Ausland. Als Zwang wird es auch heute mancher einheimische oder ausländische Sozialhilfeempfänger empfinden, wenn ihn der deutsche Staat unter Drohung von Versorgungskürzungen zu gemeinnützigen Tätigkeiten auffordert. Der Entzug von Arbeitslosengeld ist eine überaus gebräuchliche Zwangsmaßnahme gegen Menschen, die offenkundig den Müßiggang auf Kosten der Allgemeinheit bevorzugen.

Auch Deutsche wurden gezwungen

Diese Hinweise sollen nicht spitzfindig sein. Es geht um begriffliche Klarheit. Natürlich gab es im Dritten Reich unter den Bedingungen des Krieges Formen von Zwangsarbeit, die sich mit den vorstehend benannten Zwängen des heutigen Normallebens nicht vergleichen lassen. Davon betroffen waren aber nicht nur Juden und Ausländer, sondern auch Deutsche, wobei sich allerdings die Begleitumstände oft sehr unterschiedlich gestalteten.

Die älteren Deutschen werden sich noch an den Reichsarbeitsdienst (RAD) erinnern: Im Juni 1935 wurde eine sechsmonatige Dienstpflicht für alle Männer zwischen dem 18. und 25. Lebensjahr eingeführt, im

September 1939, wenige Tage nach Kriegsbeginn, die Arbeitsdienstpflicht im Deutschen Reich auf die weibliche Bevölkerung ausgedehnt. Die jungen Menschen waren in Lagern untergebracht und leisteten harten körperlichen Einsatz bei Forstarbeiten und in der Landschaftskultivierung, im Deichbau und bei der Entwässerung, auf Höfen und Feldern, auch beim Bau der Reichsautobahnen und des Westwalls. Später kamen Kriegshilfsdienste jeder Art hinzu – bis hin zum Granatendrehen. Das war kein Zuckerschlecken. Neben den Arbeitsergebnissen ging es aber auch um das klassenüberwindende Gemeinschaftserlebnis und um die Anleitung zu sozialer Solidarität in der Nation. Mancher erinnert sich gern an den Reichsarbeitsdienst zurück, andere weniger gern – wie es im Leben halt so ist. „Entschädigung" für diese Form der Zwangsarbeit wurde nach 1945 in keinem Fall geleistet. Weil nur Deutsche betroffen waren, gelten der RAD und andere Dienstverpflichtungen nicht als NS-Unrecht.

Während des Krieges wurden – über den Reichsarbeitsdienst hinaus – viele Deutsche zu Rüstungsarbeiten verpflichtet, insbesondere nach Ausrufung des „totalen Krieges". Oft mußten Frauen die zu Wehrmacht und Waffen-SS eingezogenen Männer in den Fabriken ersetzen. Gegen Drückeberger wurde vorgegangen. Die Deutschen mobilisierten ihre letzten Reserven, versuchten verzweifelt, der Front die notwendigen Waffen zu liefern. Die damaligen Verhältnisse entziehen sich weitgehend dem Erfahrungsstand heutiger Generationen.

Weil die Mobilisierung der eigenen Kräfte nicht ausreichte, mußte während des Krieges auf „Fremdarbeiter" zurückgegriffen werden. Ein Teil wurde angeworben, kam also freiwillig; ein anderer Teil wurde ab August 1942 dienstverpflichtet. Der Unterschied ist wesentlich, wird aber in der Entschädigungsdebatte nicht thematisiert. Damals gab es nicht wenige Menschen in Europa, die mit dem Nationalsozialismus sympathisierten, vor allem aber einen Sieg des Bolschewismus fürchteten. Sie wollten den deutschen Sieg. Deshalb meldeten sie sich zur Arbeit in Deutschland oder sogar zum Dienst in den europäischen Verbänden der Waffen-SS. Hier von Zwang zu sprechen, wäre blanke Geschichtsfälschung.

In diesem Zusammenhang sei ein unverdächtiger Historiker in den

Ostarbeiter in der deutschen Rüstungsindustrie 1943.

Zeugenstand gerufen: Werner Rings. 1910 in Offenbach am Main geboren, studierte er an den Universitäten Berlin, Freiburg und Heidelberg. 1933 emigrierte er nach Spanien, später nach Frankreich. 1942 wechselte Rings in die Schweiz, wo er eingebürgert wurde. Nach dem Krieg berichtete er als Sonderkorrespondent schweizerischer Blätter aus fast allen Ländern Europas. Als Fernsehautor zeitgeschichtlicher Serien wurde er mit dem internationalen TV-Preis „Prix Ondas 1973" ausgezeichnet. Als Buchautor trat er unter anderem mit Werken wie „Advokaten des Feindes, das Abenteuer der politischen Neutralität" (1966) und „Schweiz im Krieg" (1974) hervor.

Rings ist alles andere als ein Apologet des Nationalsozialismus, sondern dessen schärfster Ankläger. 1979 veröffentlichte er im Münchner Kindler-Verlag das von der Kritik hochgerühmte Buch „Leben mit dem Feind / Anpassung und Widerstand in Hitlers Europa 1939-1945". Wer dieses Buch, dem bislang von keiner Seite widersprochen wurde, heute zur Hand nimmt, kann sich über die Zwangsarbeiter-Debatte nur wundern.

Der Schweizer Historiker hat die einschlägigen Dokumente gesichtet. Seine Schlußfolgerung: Das Ausmaß der Kollaboration – der freiwilligen Hilfe für die Deutschen – war weit größer, als es „antifaschistische" Widerstandslegenden nach 1945 behaupteten. Dies gilt insbesondere auch für die Arbeit von Ausländern im Dritten Reich.

In den ersten 16 Monaten nach der französischen Kapitulation beantragten 59 000 französische Arbeiter freiwillig die Einreise nach Deutschland, um dort zu arbeiten. Lange bevor der obligatorische Arbeitsdienst eingeführt wurde, fanden sich unter den belgischen Arbeitern 403 000 Freiwillige, die ihre Arbeitskraft an die deutsche Industrie oder an die deutsche Wehrmacht verkauften. 312 000 wurden auf eigenen Wunsch auf Arbeitsplätze in Deutschland verteilt, 82 000 ließen sich von der „Organisation Todt" bei Arbeiten an Festungsanlagen, Militärflugplätzen und anderen militärischen Basen beschäftigen, die auf belgischem Boden zur Abwehr einer alliierten Invasion errichtet wurden.

Schon Ende September 1941 hielten sich 2,1 Millionen ausländische Arbeitskräfte freiwillig in Deutschland auf:

1 000 000 Polen, 272 000 Italiener, 140 000 Tschechen, 122 000 Belgier, 109 000 Serben und Kroaten, 93 000 Holländer, 80 000 Slowaken, 59 000 Franzosen, 35 000 Ungarn und 190 000 andere.

Hohe Löhne, gute Versorgung

Zwang war laut Rings deutscherseits zunächst gar nicht nötig, weil in den besiegten und besetzten Ländern die Arbeitslosigkeit groß war, während in Deutschland durch die Einberufung ganzer Jahrgänge erheblicher Arbeitskräftemangel bestand.

Rings: „In Übereinstimmung mit dem internationalen Kriegsrecht konnten Kriegsgefangene als Arbeiter beschäftigt werden. Ferner konnte man versuchen, möglichst viele Arbeitskräfte anzuwerben. Schließlich, wenn auch das nicht ausreichte, mußte an die Einführung

> **„Der Einsatz der gewerblichen ausländischen Arbeitskräfte vollzieht sich nach dem Grundsatz der Freiwilligkeit. Irgendein Zwang zur Arbeitsaufnahme im Reich wird – auch bei Kräften aus den besetzten Gebieten – nicht ausgeübt...“**
>
> **Es ist dafür zu sorgen, „daß den ausländischen Kräften im Reich Arbeitsbedingungen und eine Behandlung gewährt werden, die Anreiz für die freiwillige Meldung weiterer Kräfte sind“.**
>
> Ministerialrat Letsch, Reichsarbeitsministerium, NS-Sozialpolitik 1941

eines obligatorischen Arbeitsdienstes gedacht werden. Zwangsarbeit für Millionen als letzte Notlösung.“

In den ersten Jahren war Zwang unnötig. Die Deutschen hatten, wie Rings schreibt, „viel zu bieten: hohe Löhne, Erleichterung für den Transfer ihres Arbeitseinkommens an die Angehörigen in der Heimat, bezahlten Urlaub in regelmäßigen Abständen und Ansprüche auf eine Sozialversicherung, die in Hitler-Deutschland zweifellos fortschrittlicher war als in vielen der besetzten Länder“.

Während der Emigrant und Historiker Rings die hohen deutschen Löhne für Fremdarbeiter hervorhebt, schreibt „Der Spiegel“ (Nr. 47/99) von „teilweise unmenschlichen Bedingungen“ und „– wenn überhaupt – kärglichem Lohn“. Dazu muß man wissen, daß beim „Spiegel“ Löhne gezahlt werden, die weit über dem Branchendurchschnitt liegen. Was ein Historiker als hoch empfindet, ist für einen Redakteur des Hamburger Nachrichtenmagazins ein Sklavenlohn. Der Leser, der mit den beiden so unterschiedlichen Einschätzungen konfrontiert wird, muß letztlich zu einem eigenen Urteil finden.

Aus der Tschechei wird heute mit am lautesten nach Entschädigung gerufen. Um so interessanter ist, was Rings mitteilt:

„Schon die ersten Versuche, die das Dritte Reich eine Woche nach dem Einmarsch in der Tschechoslowakei gemacht hatte, waren vielversprechend. In den ersten drei Wochen nach Beginn der Werbekampagne meldeten sich freiwillig 30 000 Arbeiter, in sechs Monaten 70 000.

Nach einer Umfrage, die später unter den in Deutschland beschäftigten tschechischen Arbeitern durchgeführt wurde, zogen von den 70 000 Freiwilligen nur etwa 2000 die Rückkehr in die Heimat einem längeren Aufenthalt im Dritten Reich vor."

Und das trotz des „kärglichen Lohns" und der „unmenschlichen Bedingungen", von denen der „Spiegel" – leider ohne Zahlen zu nennen – schreibt.

Überall wurde für Deutschland gearbeitet

Rings erwähnt noch einen anderen Aspekt, der in der heutigen Diskussion fast völlig unterschlagen wird:

„Zu den europäischen Arbeitern, die freiwillig nach Deutschland gingen, müßte man, um genau zu sein, auch diejenigen hinzuzählen, die zwar zu Hause blieben, dort aber wissentlich für das Dritte Reich kriegswichtige Güter produzierten. Zweifellos wären die Unternehmer und Direktoren der französischen Flugzeugindustrie außerstande gewesen, Flugzeuge und Ersatzteile nach Deutschland zu liefern, hätten sie nicht fest auf ihre Arbeiter zählen können."

Im Frühjahr 1942, so eine amtliche Zählung, waren in Frankreich 845 000 Arbeiter ausschließlich für deutsche Belange tätig, und zwar in der Industrie ebenso wie beim Bau von Flugplätzen und Befestigungsanlagen. Der französische Lokomotivbau produzierte zu 100 Prozent, die Werkzeugmaschinenindustrie zu 95 Prozent für den Export in das Dritte Reich.

„Es paßt ins Bild", schreibt Rings, „daß die Besatzungsmacht im Protektorat Böhmen und Mähren, wo Arbeiter für kriegswichtige Industrien gebraucht wurden, eine großzügige neue Lohn- und Arbeitsordnung einführte und die Löhne mehrmals erhöhte. Die tschechischen Arbeiter mußten selber einsehen, daß sie die besseren Lebens- und Arbeitsbedingungen nicht etwa ihren Gewerkschaften oder den eigenen Behörden zu verdanken hatten, sondern der deutschen Besatzungsmacht. Gegen eine Ablösung der eigenen Staatsverwaltung durch eine

Mit solchen Plakaten warb Deutschland im Zweiten Weltkrieg polnische Erntehelfer an.

deutsche hätten sie nicht das geringste einzuwenden gehabt. Wie ein deutscher Lagebericht aus dem Protektorat im Frühjahr 1940 festhielt, soll es nicht an Stimmen gefehlt haben, ‚welche das nationalsozialistische Regime als das arbeiterfreundlichste bezeichneten'."

Einem Historiker, den man revisionistischer Absicht verdächtigte, würde eine solche Darstellung entweder nicht abgenommen oder schwer verübelt werden. Unwillkürlich muß man an Jörg Haider denken. Als dieser im Kärntner Landtag den Nationalsozialisten eine „ordentliche Beschäftigungspolitik" attestierte, gab es linkerseits einen Aufschrei der Empörung. Der Antifaschist und Emigrant Rings braucht sachfremde Verdächtigungen nicht zu fürchten. Seine Hinweise auf die Attraktivität der NS-Sozialpolitik und ihre Anziehungskraft auf ausländische Arbeitnehmer gipfeln in der Feststellung:

„Es ist also keine Übertreibung zu sagen, daß sich das ganze besetzte Europa in der Hauptsache für Hitlers Kriegsmaschine abmühte. Nicht nur überzeugte Nationalsozialisten taten das Ihrige für einen deutschen

Sieg, dafür plagten sich auch Industrielle und Unternehmer aller Art und ein Großteil der Arbeiter, unabhängig davon, welcher Gewerkschaft oder politischen Partei sie angehörten."

Bringt man Rings' Ermittlungen mit der heutigen Entschädigungsdebatte zusammen, wird eine Frage unausweichlich: Wieso sollen nur die im Dritten Reich beschäftigten Ausländer eine Lohnnachzahlung in Milliardenhöhe erhalten? Warum nicht auch die europäischen Arbeiter, die zu Hause für den deutschen Sieg werkelten? Weshalb hier Unterschiede machen, wenn der Aspekt der Freiwilligkeit ohnehin keine Rolle mehr spielt? Alle waren irgendwie „gezwungen", für die Deutschen zu arbeiten – sei es aus Sympathie, wegen sonst drohender Arbeitslosigkeit oder aus dem begreiflichen Streben, an hohen Löhnen und fortschrittlicher sozialer Versorgung teilzuhaben.

Warum sollte ein ausländischer Arbeiter, der bei Krupp in Essen Panzerstahl verarbeitet hat, nach 60 Jahren eine Lohnnachzahlung erhalten, während sein Kollege in Toulouse leer ausgeht, obwohl auch der zum gleichen oder sogar zu einem niedrigeren Gehalt für den deutschen Sieg geschuftet hat?

Was die polnischen Freiwilligen anbelangt, bezeichnet Rings die „verlockenden deutschen Angebote" sogar als „Geschenk des Himmels". Bis Ende Oktober 1939 wurden 110 000 polnische Arbeiter angeworben, bis Ende Mai 1940 waren es schon 210 000. Ohne die Möglichkeit der Stellungsannahme in Deutschland wären sie arbeitslos gewesen. Damals waren die Betroffenen den Werbern aus dem Reich dankbar, heute wird vielfach so getan, als seien deren Angebote unsittlich, ja verbrecherisch gewesen.

Rings: „Bücher zum Thema der Kollaboration verlieren sich vollständig in der Flut von Chroniken, Erinnerungswerken, Erlebnisberichten und wissenschaftlichen Studien zum Thema Widerstand. Kollaboration wird nun einmal als ehrenrührig und verwerflich empfunden. Und doch ist die Zeit dafür reif, gewisse Denkgewohnheiten, so beliebt und bequem sie auch sein mögen, unter die Lupe zu nehmen... Soviel steht einstweilen fest: daß Kollaborationsbereitschaft, nicht Widerstandsgeist in den Anfängen der Besatzungszeit im allgemeinen vorherrschte."

Wo aber Kollaboration herrschte, bedurfte es keines Zwanges. Kollaboration ist freiwillige Mitarbeit. Diese Tatsache wird in der Zwangsarbeiter-Debatte überhaupt nicht angeschnitten.

Wiedergutmachung auch für NS-Hilfswillige?

Nach Kriegsende war es natürlich nicht mehr angeraten, sich als Hilfswilliger und damit als „Kollaborateur" der Besiegten zu outen. Über Nacht flüchteten sich alle in den Zwangsarbeiter-Status, versuchten es zumindest. Ein prominentes Beispiel machte 1977 in Frankreich Schlagzeilen, es betraf keinen Geringeren als den Vorsitzenden der Kommunistischen Partei, Georges Marchais (1920–1997), einen angeblichen Antifaschisten vom Scheitel bis zur Sohle.

Tatsächlich hatte Marchais, ein gelernter Flugzeugmechaniker, ab November 1940 bei der „Aktiengesellschaft Otto" (Ago) auf einem deutschen Luftwaffenstützpunkt gearbeitet. Im Dezember 1942 unterschrieb er einen Arbeitsvertrag für die Messerschmitt-Werke im bayerischen Leipheim. Zwangsverpflichtungen hätten nicht der Unterschrift des Betroffenen bedurft. Aus naheliegenden Gründen war Marchais aber 35 Jahre später trotzdem bemüht, sich als ehemaligen „Sklavenarbeiter" darzustellen. Es kam zu gerichtlichen Auseinandersetzungen, ohne daß eine Klärung erreicht wurde.

Nun handelte es sich bei Marchais aber um einen Prominenten. Sein Lebenslauf unterlag öffentlichem Interesse. Papiere und Dokumente, in anderen Fällen weggeworfen, hatten hier politischen und historischen Rang. Journalisten und Wissenschaftler durchforsteten die Archive und befragten Zeugen. Dennoch gelang keine juristisch tragfähige Schlußbewertung. Wie sollte sich dann erst Klarheit in Fällen gewinnen lassen, wo das Interesse an Nachforschungen eher gering ist? Wer war freiwillig und wer war erzwungenermaßen in Deutschland? Soll sich die Gießkanne, von der Wolffsohn sprach, gleichmäßig über NS-Sympathisanten und NS-Opfer erschütten? Die Frage ist offenbar so peinlich, daß sie niemand zu stellen wagt.

Globallösungen, wie sie in den Verhandlungen mit jüdischen Verbänden gebastelt werden, haben zum Einzelfall noch weniger Bezug als ein Prozeß mit individueller Prüfung: Deutschland zahlt, und damit hat sich die Sache. Würden dabei auch ehemalige Freiwillige zu Geldern kommen, so wäre dies für die deutsche Seite eigentlich kein Grund zur Aufregung, weil nämlich Kollaborateure nach 1945 nichts zu lachen hatten und erheblichen Verfolgungen ausgesetzt waren. Hier könnte eine deutsche Dankesleistung nicht verkehrt sein. Nur: Haben sich das jüdische Verbände und deutsche Politiker so vorgestellt? Oder ist dies nur ein ungewollter Nebeneffekt?

Fest steht: Wer während des Krieges in Deutschland arbeitete, war nicht automatisch ein „NS-Opfer". Jeder Einzelfall müßte sorgfältig überprüft werden. Das geschieht aber nicht.

Seit 1938 italienische Gastarbeiter

Der Historiker Professor Dr. Hans Mommsen und sein Kollege Dr. Manfred Grieger haben sich in jahrelangen Forschungen eingehend mit der Zwangsarbeiterproblematik auseinandergesetzt. 1996 erschien im Econ-Verlag ihr 1055seitiges Buch „Das Volkswagenwerk und seine Arbeiter im Dritten Reich". Darin geht es keineswegs um den Versuch, die nationalsozialistische Ausländerpolitik reinzuwaschen. Im Gegenteil. Das Buch steht ganz und gar in der Tradition nachkriegsdeutscher Bewältigungsliteratur.

Mommsen und Grieger aber kommen nicht umhin, den Gesamtkomplex der seinerzeitigen Ausländerbeschäftigung auszuleuchten. Vieles davon ist nicht mehr allgemeiner Wissensstand. Wer von unseren zahlreich mitdebattierenden Vergangenheitsbewältigern weiß zum Beispiel, daß schon 1938 italienische Gastarbeiter angeheuert wurden, um das Werk für den „KdF-Wagen", wie der VW-Käfer zunächst hieß, aus dem Boden zu stampfen? Diese ersten Gastarbeiter waren zumeist überzeugte Faschisten, Mussolini-Anhänger, die sich für das nationalsozialistische Deutschland als politischen Wesensverwandten begeisterten.

Sie erhielten einen Standardarbeitsvertrag. Er garantierte eine Entloh-

> „Ich akzeptiere keineswegs die Behauptung, daß ungewöhnlich viele Menschen, die aus KZs in der Industrie eingesetzt wurden, starben. Im Gegenteil, die Menschen waren ja froh darum, wenn sie rauskamen in die Industrie, weil sie dort eine vernünftige Verpflegung und eine Möglichkeit des Überlebens hatten, die ihnen bekanntlich in den Vernichtungs-KZs ja nicht gegeben wurde."
>
> Rechtsanwalt Otto Kranzbühler,
> Verteidiger in den Nürnberger Siegerprozessen,
> am 4. 11. 1984 im Fernsehen (SFB)

nung nach deutschem Tarif, angemessene Unterkunft und Verpflegung sowie die Gewährung von Trennungsentschädigung für Verheiratete. Es galten die üblichen Sozial- und Krankenversicherungsbestimmungen, aber auch die Lohnsteuerpflichtigkeit. Nach 15 Wochen Beschäftigung stand den italienischen Fremdarbeitern jeweils ein einwöchiger unbezahlter Heimaturlaub zu, wobei die Kosten für die Bahnreise bis zur Grenze vom Arbeitgeber übernommen wurden. Das bei der italienischen Botschaft in Berlin eingerichtete Auswanderungsamt erhielt das Recht, Baustellen, auf denen Italiener beschäftigt waren, zu inspizieren. Bei VW gab es eine italienische Werkszeitschrift, sogar eine eigene Kulturhalle, die nach dem Präsidenten der italienischen Bauarbeiterföderation (CFLI), Tullio Cianetti, benannt war.

Da die im Deutschen Reich gezahlten Tariflöhne das Zwei- bis Dreifache des in Italien üblichen Arbeitsentgelts ausmachten, war die Beschäftigung in Deutschland für die italienischen Arbeitskräfte „ungewöhnlich attraktiv" (Mommsen). Der Mehrheit ging es darum, in möglichst kurzer Zeit viel zu verdienen und dann nach Hause zurückzukehren. Die Beziehungen zur deutschen Belegschaft und zu den Vorgesetzten, viele davon selber Italiener, waren im allgemeinen gut. Mommsen und Grieger belegen das im Detail. Eines der wesentlichsten Probleme war der Devisenverkehr: Die hohen Lohnüberweisungen nach Italien belasteten das deutsche Clearingkonto bedenklich. Ansonsten aber herrschte allseitige Zufriedenheit.

Davon konnte bei deutschen Zwangsarbeitern – hier ist das Wort berechtigt – weniger die Rede sein, zum Beispiel bei den rund 1000

Militärstrafgefangenen, die das Volkswagenwerk zeitweilig beschäftigte. Später kamen noch KZ-Häftlinge hinzu. Ihre Arbeits- und Lebensverhältnisse waren deutlich schlechter als die der italienischen und sonstigen Auslands-Freiwilligen.

Schon 1942 waren die deutschen Arbeitskräfte bei VW in der Minderheit. Neben die Italiener traten Tschechen, Dänen, Niederländer und Polen. Über die Einstellung von 300 polnischen Frauen berichten Mommsen/Grieger: „Viele der jungen Polinnen, die damals in der Stadt des KdF-Wagens eintrafen, hatten sich angesichts der schwierigen Lebensbedingungen im Generalgouvernement freiwillig dazu entschlossen, in der deutschen Industrie zu arbeiten, wobei ihnen häufig übertriebene Versprechungen gemacht wurden."

Die Formulierung ist schwammig. Nur die Freiwilligkeit steht fest. Was aber sind schwierige Lebensbedingungen und übertriebene Versprechungen? Das hätte man gern genauer gewußt. Läßt sich das kollektiv („viele") überhaupt feststellen? Wo – vor allem – beginnt die Zwangsarbeit? Reichen übertriebene Versprechungen zur Begriffsdefinition aus? Liegen hier gar Entschädigungsansprüche noch nach mehr als einem halben Jahrhundert begründet?

„Vermeide Überheblichkeit und Protzentum!"

Der Übergang von der Ausländerbeschäftigung zur Zwangsarbeit im eigentlichen Sinn ist jedenfalls fließend. Auch die aus dem Osten stammenden Zivilarbeiter und -Arbeiterinnen waren zum Teil freiwillig gekommen, weil ein relativ hoher Lohn lockte und Deutschland damals überhaupt ein Anziehungspunkt war. Mommsen/Grieger verweisen darauf, daß der deutsche Tarif auch für polnische Arbeitskräfte galt, allerdings in der unteren Stufe. Deutscherseits wurde das mit dem niedrigeren Lebensstandard in Polen begründet, aber auch damit, daß die polnischen Zivilarbeiter meist unausgebildet waren und erst angelernt werden mußten. Außerdem, so das damalige Argument, waren die Bewohner der besetzten Gebiete von der Wehrpflicht freigestellt, während junge Deutsche im Kampf gegen Stalins Armeen Gesundheit und Leben riskierten.

Wein und Ölsardinen: Fremdarbeiter bei VW

Später wurden die Freiwilligen durch sowjetische Kriegsgefangene und zwangsweise einberufene Ostarbeiter ergänzt. Dadurch änderte sich die Atmosphäre. Eine Verbrüderung, wie sie mit den italienischen und auch mit den skandinavischen Arbeitern ausdrücklich angestrebt wurde, war zunächst nicht eingeplant. Dennoch wurden deutsche Arbeitskollegen Ende 1943 in einem Artikel der VW-Werkszeitschrift angehalten: „Vermeide Überheblichkeit und Protzentum und fühle Dich nicht als Sklavenhalter, hüte Dich aber vor allem auch davor, alle Fremdstämmigen als Deine Freunde anzusehen und Dich auf persönliche Beziehungen einzulassen." Aus NS-Sicht sollte Abstand gehalten werden, aber keine Arroganz das Arbeitsklima vergiften. Mißhandlungen der Fremdarbeiter waren ausdrücklich untersagt. Dennoch kam es zu Übergriffen, manchmal zum Vollzug von Prügelstrafe. Auf Arbeitsverweigerungen, Sabotage- und Straftaten wurde seitens des Werkschutzes mit Härte reagiert: durch Einweisung in den Strafbunker, Essensentzug oder Überstellung in eine Strafkompanie der Organisation Todt. Ein Teil des Werkschutzes wurde von Ukrainern gebildet. Sie griffen, nach heimatlichen Bräuchen, eher hart durch.

Diskriminierende Vorschriften bezüglich der Ostarbeiter wurden Ende 1944 aufgehoben, um das Betriebsklima und die Arbeitsleistungen zu verbessern. Ausländische Vertrauensmänner bildeten eine Art Betriebsrat. Rassistische Vorurteile gegenüber den Ostarbeitern wurden abgebaut. Es kam zu Weiterbildungskursen, Kulturprogrammen, Sportveranstaltungen, und die Kontakte zur Außenwelt wurden intensiviert. Frühere Versäumnisse konnten dadurch nicht mehr wettgemacht werden. Der NS-Dünkel gegenüber den Ostvölkern hatte Chancen verbaut und damit auch der Feindseite genutzt.

Freilich: Auch Zwangsarbeiter, die am untersten Tarifende rangierten, werkelten nicht umsonst. Ihre Entlohnung war niedrig, aber immerhin so hoch, daß mit großem Aufwand das „Ostarbeitersparen" propagiert wurde. Die VW-Lohntabelle für Ostarbeiter weist für 1942 einen Bruttolohn von 9,94 Reichsmark pro Tag aus. Netto waren es wegen der kriegsbedingt hohen Steuern 3,60 Reichsmark. Davon wurden 1,20 Reichsmark für Unterkunft und Verpflegung abgezogen. Den Arbeitern verblieben pro Monat also rund 50 Reichsmark, was sicher nicht die Welt war, aber noch immer deutlich über dem Lohnniveau ihrer Heimatländer lag.

Man kann von VW, auf das sich vorstehende Aussagen beziehen, nicht ohne weiteres auf andere Firmen und Wirtschaftsbereiche schließen. In der Großindustrie herrschten andere Verhältnisse als in mittelständischen Betrieben, im Bergbau, in der Landwirtschaft oder in Privathaushalten, wo russische Dienstmädchen aushalfen. Gesetze, Vorschriften, Tarife waren das eine, Menschen das andere. Es gab Engstirnigkeit und Willkür, aber auch Großzügigkeit und mitfühlende Solidarität in den multi-ethnischen Belegschaften und bei den Vorgesetzten.

Pünktliche Rückkehr aus dem Urlaub

Der ehemalige Oberingenieur Hermann Metzger berichtete dem Autor dieses Buches:

„In den Jahren 1942 bis Kriegsende war ich in der Firma Heizluftanlagenbau GmbH in Berlin SW 29, Gräfestraße 44, beschäftigt, wo

Heizgeräte für Flugzeuge und Panzer hergestellt wurden, und arbeitete dort als leitender Ingenieur für Labor- und Erzeugnisprüfung. Dort gab es Fremdarbeiter: Frauen und Mädchen aus Paris, ein paar Männer aus Frankreich, Jugoslawien und Tschechien. Kein einziger Zwangsarbeiter, sondern alle freiwillige Mitarbeiter. Sie bekamen gleichen Lohn und Urlaub genau wie ihre deutschen Kollegen. Alle kamen pünktlich aus dem Urlaub zurück. Der Franzose erkundigte sich vor der Abreise, wem er was mitbringen soll, im wesentlichen Bohnenkaffee und Schokolade. Der Tscheche brachte Butter, der Jugoslawe Schnaps."

Metzger hat aber auch anderes erlebt:

„Zu Beginn des Jahres 1942 war ich in der Firma Dralowid-Werke im Süden Berlins, Hersteller von drahtlosen Widerständen für Flugzeuge. Dort gab es Zwangsarbeiterinnen aus Rußland. Diese waren kaserniert und abgehärmt. Deshalb haben wir böse Deutsche ihnen in der Pause heimlich unsere Vesperbrote durch den Maschendraht-Zaun zugesteckt. Wer erwischt wurde, wurde von der Aufsicht gerügt. Aber wir haben uns nicht zurückhalten lassen."

Diese differenzierte Aussage, stellvertretend für Tausende von ähnlichen Zeitzeugnissen, ist typisch für die unterschiedliche Situation der Fremdarbeiter im damaligen Deutschland. Jede Pauschalbeurteilung verfälscht die Geschichte.

In der Tageszeitung „Die Welt" meldete sich im September 1999 als Zeitzeuge Alexander Schwartz aus Uttenreuth zu Wort:

„Wieviele ausländische Zwangsarbeiter gab es wirklich? Ich bin skeptisch, wenn von vielen Zwangsarbeitern aus dem Ausland und ihren Ansprüchen die Rede ist. 1942 war ich für acht Monate zusammen mit Klassenkameraden unserer Berliner Oberrealschule in einem Kinderlandverschickungslager circa zehn Kilometer südlich von Kalisz (Hauptstadt einer Woiwodschaft südöstlich von Posen) evakuiert. Ausserhalb der Schulzeit hatten wir die Möglichkeit, von Schneidern und Schustern in Kalisz Anzüge und Stiefel in Handarbeit anfertigen zu lassen oder haltbare Lebensmittel wie Zucker und Mehl, die es dort noch ohne Einschränkung gab, für unsere Familien in Berlin einzukaufen.

Ausländische Arbeitskräfte
in der deutschen Kriegswirtschaft
1939 bis 1944*)

		1939	1940	1941	1942	1943	1944
Landwirtschaft	Deutsche	10.732.000	9.684.000	8.939.000	8.969.000	8.743.000	8.460.000
	Zivile Ausländer	118.000	412.000	769.000	1.170.000	1.561.000	1.767.000
	Kriegsgefangene	–	249.000	642.000	759.000	609.000	635.000
	Ausländer insg.	118.000	661.000	1.411.000	1.929.000	2.230.000	2.402.000
	Ausl. in % aller Beschäftigten	1,1	6,4	13,6	17,7	20,3	22,1
Alle nicht-	Deutsche	28.382.000	25.207.000	24.273.000	22.568.000	21.324.000	20.144.000
landwirt	Zivile Ausländer	183.000	391.000	984.000	1.475.000	3.276.000	3.528.000
schaftlichen	Kriegsgefangene	–	99.000	674.000	730.000	954.000	1.196.000
	Ausländer insg.	183.000	490.000	1.659.000	2.205.000	4.230.000	4.724.000
	Ausl. in % aller Beschäftigten	0,6	1,9	6,4	8,9	16,5	18,9
Gesamtwirt-	Deutsche	39.114.000	34.891.000	33.212.000	31.537.000	30.067.000	28.604.000
schaft	Zivile Ausländer	301.000	803.000	1.753.000	2.645.000	4.837.000	5.295.000
	Kriegsgefangene	–	348.000	1.316.000	1.489.000	1.623.000	1.831.000
	Ausländer insg.	301.000	1.151.000	3.069.000	4.134.000	6.460.000	7.126.000
	Ausl. in % aller Beschäftigten	0,8	3,2	8,5	11,6	17,7	19,9

*) Nach Arbeitseinsatz im (Groß-)Deutschen Reich, Jgg. 1939–1944, Stichtag jew. 1. 5. d. J.

Bei diesen Gelegenheiten unterhielten wir uns mit polnischen Handwerkern und Kaufleuten, die etwas Deutsch sprachen. Besonders ist mir in Erinnerung geblieben, daß fast in jedem dieser Gespräche von Söhnen und Töchtern die Rede war, die sich um Arbeitsplätze in Deutschland bewarben. Für die damals ausschließlich landwirtschaftlich geprägte, ansonsten jedoch arme Region waren die erheblich höheren Löhne, die im Reich gezahlt wurden, ein großer Anreiz. Von einer Zwangsverpflichtung habe ich nie etwas gehört. Wenn es zu dieser Zeit Deportationen gegeben hätte, wären unsere polnischen Gesprächspartner wohl zurückhaltender gewesen."

Welche Maßstäbe?

Nicht minder erhellend ist ein Zeitzeugenbericht von Hubert Steimle in der „Cannstatter Zeitung" vom 4. September 1999:

„Die Entschädigung unseres zweistöckigen Wohn- und Geschäftshauses, das englischen Luftminen zum Opfer gefallen ist und meine Familie auslöschte, betrug aus dem Lastenausgleichsfond 7000 Mark. Ich hoffe deshalb, daß die Entschädigungsmaßstäbe gültig sind. Der Stundenlohn für einen qualifizierten Facharbeiter lag in dieser Zeit bei einer Reichsmark. Als Zeitzeuge (1943 – 15 Jahre alt) habe ich andere Erinnerungen. Für die Unterbringung dieses Personenkreises (Fremdarbeiter) wurden neue Baracken erstellt mit dem damals üblichen Standard. Bei der Verpflegung galten die gleichen Maßstäbe, wie für uns deutsche Arbeitnehmer das Kantinenniveau hatte. Für die Zwangsarbeiter galt dasselbe Arbeits- und Pausensystem. Die Arbeitszeit betrug neun Stunden. Als ehemaliger Lehrling (Wochenlohn zwei Reichsmark) durfte ich nach Feierabend, ab 17 Uhr, die Arbeitsplätze der Deutschen und der Fremdarbeiter saubermachen. Am Wochenende wurden diese Fremdarbeiter oft zu deutschen Familien eingeladen und – trotz Notzeiten – dort eingekleidet und verpflegt. Ich bedaure, daß über solche Begebenheiten nie berichtet wird, obwohl sich gewiß noch viele daran erinnern können."

Heute wird so getan, als sei die NS-Politik einheitlich und monolithisch gewesen. In Wirklichkeit gab es in Partei und Regierung eine ständige

Diskussion über Sinn und Unsinn, Art und Umfang der Ausländerbeschäftigung. Am Anfang dominierten rassische Dünkel, auch Furcht vor Überfremdung. Später rückten pragmatische Erwägungen in den Vordergrund, wurde die Solidarität der europäischen Völker gegen den Bolschewismus zur Arbeitsethik erhoben.

Manches klang sogar wie eine Vorwegnahme bundesdeutscher Gastarbeiter-Politik. „Auch nach dem Krieg", hieß es im Herbst 1940 aus dem Reichsarbeitsministerium, „wird auf den Einsatz ausländischer Arbeiter in Deutschland nicht verzichtet werden können... Die Bildung einer europäischen Großraumwirtschaft wird diese Entwicklung fördern." Auch der in diesem Zusammenhang erstmals auftauchende Begriff „Gastarbeitnehmer" beweist, daß das in der Bundesrepublik verwendete Wort „Gastarbeiter" eine, wenn man so will, braune Tradition hat. Europa sollte nach nationalsozialistischer Planung ein gemeinschaftlich agierender Staatenbund werden, wobei die Deutschen kraft Zahl und Leistung führend gewesen wären. Bei aller Unterschiedlichkeit, die sich aus dem Kriegsausgang ergibt, fallen doch erstaunliche Parallelen zur Gegenwart auf.

Von der goldenen Uhr zum Moped

Einiges ist fast schon makaber. In den sechziger Jahren wurde der 1millionste Gastarbeiter, der in der Bundesrepublik eintraf, mit großem Bahnhof empfangen. Musik spielte, Politiker schüttelten ihm die Hand, die Presse brachte Bildberichte. Als Willkommensgeschenk erhielt der gute Mann ein Moped.

Der Rummel erinnerte irgendwie an den März 1943. Da fand auf dem Krakauer Hauptbahnhof eine ähnliche Zeremonie statt. Der 1 000 000ste polnische Arbeiter aus dem Generalgouvernement wurde nach Deutschland verabschiedet. Statt eines Mopeds erhielt er eine goldene Uhr. Die Wochenschau filmte, und kein Geringerer als Generalgouverneur Hans Frank sprach feierliche Worte: „Im Namen der Regierung möchte ich der polnischen und ukrainischen Bevölkerung dieses Raumes für die Anteilnahme und für die Mitarbeit danken, die sie bisher dem Reich gegenüber an den Tag gelegt hat."

Polnische Saisonarbeiter hatte es in Deutschland schon immer gegeben, vor allem in der Landwirtschaft. Das änderte sich unter Hitler nicht. Der deutsche Sieg im Herbst 1939 bewirkte aber eine grundstürzende Neuerung: In Polen wurde das Recht auf Arbeitslosenunterstützung eingeführt, eine sozialpolitische Verbesserung, die mit der Pflicht verbunden war, sich notfalls auch Arbeit zuweisen zu lassen. Auf dieser rechtlichen Grundlage konnten die Behörden, meist in Gestalt der polnischen Gemeindevorsteher, Pflichtkontingente auch für den Arbeitseinsatz in Deutschland festsetzen. Zunächst aber förderte man die Freiwilligen-Werbung. Überall im Generalgouvernement wurden Plakate ausgebracht, auf denen man daran erinnerte, daß schon vor dem Krieg Hunderttausende von polnischen Saisonarbeitern in Deutschland beschäftigt waren. „Die Landarbeiter", so hieß es, „haben die Möglichkeit, von ihren Lohnersparnissen soviel zu überweisen, daß der Lebensunterhalt der zurückbleibenden Familienangehörigen gesichert ist... Für gute Unterbringung und Verpflegung auf deutschen Bauernhöfen ist gesorgt."

Der Gouverneur des Distrikts Radom, Lasch, berichtete im Februar 1940 stolz: „In manchen Ortschaften haben sich Hunderte von Menschen gemeldet und sind mit Begeisterung zu den Zügen gegangen, die sie nach Deutschland bringen."

Zu gute Behandlung?

Das Reichsarbeitsministerium wies in einem Rundschreiben die Landesarbeitsämter an, daß die bei der Anwerbung gemachten Versprechungen den tatsächlichen Verhältnissen zu entsprechen hätten. Dies war nicht überall der Fall. Dort, wo NS-Politiker mit ausgeprägt rassistischen Vorstellungen Einfluß hatten, wurden Polen und später auch Russen herablassend und schikanös behandelt. Verpflegung und ärztliche Versorgung waren nicht überall ausreichend. Immer wieder kam es darüber zu Streit zwischen den beteiligten deutschen Stellen.

Fremdarbeiter aus dem Westen, insbesondere Franzosen, Italiener, Flamen und Niederländer, aber auch Dänen und Norweger hatten es in der Regel besser, teilweise so gut, daß sich Beschwerden aus der deutschen

Bevölkerung häuften: Den Ausländern gehe es besser als den Einheimischen – sie würden weniger arbeiten, aber mehr zu essen kriegen. Zur Beschwichtigung erklärte das Reichsarbeitsministerium, daß den Fremdarbeitern „in allen Fällen die gleichen Löhne, Gehälter und sonstigen Arbeitsbedingungen" zustanden wie den entsprechenden deutschen Arbeitern. Dieser Grundsatz schließe jedoch „nicht nur eine Schlechterstellung, sondern auch eine Besserstellung der nichtdeutschen Arbeitskräfte aus".

In einem Bericht der Wirtschaftskammer Württemberg und Hohenzollern wurde 1941 „eine allgemeine Verstimmung über die höhere Entlohnung der Ausländer" registriert. Auch in den erhalten gebliebenen SD-Berichten und behördlichen Lageeinschätzungen hat sich dieser Unmut niedergeschlagen. Professor Ulrich Herbert urteilt:

„Die Mehrzahl der zivilen Westarbeiter, vor allem der Belgier und Franzosen, arbeitete zu dieser Zeit durchaus zur Zufriedenheit der Betriebe und Behörden, erhielt einen vergleichsweise hohen Lohn und lebte – soweit das aus den Quellen rekonstruierbar ist – zumindest in der Phase zwischen Frankreich-Feldzug und dem Ende des Jahres 1941 unter Bedingungen, die sich von denen eines deutschen Arbeiters nicht wesentlich unterschieden."

Hätte man deutscherseits diese Maßstäbe von vornherein auch bei der Behandlung der Angehörigen östlicher Völker an den Tag gelegt, wäre diesen Menschen geholfen gewesen, zugleich aber auch der deutschen Kriegswirtschaft. Einige NS-Administratoren spielten sich zunächst als „Kolonialherren" auf. Eigentlich wollte man aus Sicherheitsbedenken und rassischen Erwägungen gar keine Russen nach Deutschland lassen, dann beugte man sich notgedrungen dem Arbeitskräftemangel, erließ aber diskriminierende Bestimmungen. Ernährungsmängel und Seuchen ließen die Sterbequote unter russischen Kriegsgefangenen in unerträgliche Höhen schnellen, zumal man deutscherseits auf solche Massen von Gefangenen nicht eingerichtet war. Hier wurde fraglos schuldhaft gehandelt.

Am 31. Oktober 1941 griff Hitler persönlich ein und ordnete an, „daß auch die Arbeitskraft der russischen Kriegsgefangenen... auszunutzen ist. Voraussetzung für die Arbeitsleistung ist eine angemessene Ernährung. Daneben sind ganz geringe Entlohnung zur bescheidensten Versorgung mit einigen Genußmitteln des täglichen Lebens, gegebenenfalls Leistungsprämien vorzusehen".

Zwar schlägt hier noch der Hochmut des Siegers durch, doch wurde damit eine Trendwende angedeutet. Immerhin hatten die deutschen Truppen bei ihrem Vormarsch in der Sowjetunion festgestellt, daß ein nicht unerheblicher Teil der Bevölkerung durchaus deutschfreundlich gesinnt und dem Moskauer Regime gegenüber ablehnend war. Hier hätte man Freunde und Verbündete, Soldaten und Arbeiter in Millionenzahl rekrutieren können, und zwar auf freiwilliger Basis.

Den Deutschen helfen

Die Zeitung „Donezki Westnik" schilderte am 20. Februar 1942 die deutschfreundliche Atmosphäre:

„Die Aufforderung zum Arbeitseinsatz in Großdeutschland rief unter den Arbeitslosen der Stadt Jusoka (Stalino) lebhaften Widerhall hervor. Bis heute haben sich schon 6 000 Personen dazu gemeldet, und die Zahl der sich Anmeldenden steigt täglich."

Stellenweise meldeten sich mehr Freiwillige, als transportmäßig zu bewältigen waren. Herbert zitiert aus einem Brief, den 25 junge Ukrainerinnen aus Charkow 1942 an die Direktion der Berliner Butzke-Werke geschrieben hatten: „Wir, die Frauen aus der Ukraine, befreit durch die deutsche Armee von jüdisch-bolschewistischem Joch, haben den Ruf des deutschen Kommandos, uns freiwillig zur Arbeit in Deutschland zu melden, um zusammen mit Ihrem Volke zu helfen, die jüdisch-bolschewistische Bande zu vernichten, Folge geleistet."

Solche Zitate wurden und werden in der Zwangsarbeiter-Debatte verständlicherweise ausgeklammert. Denn zum Antikommunismus der östlichen Hilfswilligen gesellte sich oftmals ein Antisemitismus, der es heute reichlich seltsam erscheinen läßt, wenn sich ausgerechnet US-jüdische Anwälte und Verbände für die 1945 heimgekehrten Ostarbeiter einsetzen. Wie die Stimmung damals war, belegt auch das eine oder andere Pogrom, das von Polen, Ukrainern, Balten und Russen am jüdischen Bevölkerungsteil veranstaltet wurde. Wiederholt mußten deutsche Soldaten einschreiten. Weil nicht wenige sowjetische Politruks und Kommissare jüdischer Abstammung waren, wurden Kommunismus und Judentum vielfach gleichgesetzt. Die daraus resultierenden Racheakte und Ausschreitungen werden heute, wie nicht nur die Anti-Wehrmachts-Ausstellung zeigt, den Deutschen angelastet – dies wohl auch, weil nur sie zahlungsfähig und zahlungswillig sind. Schuldzuweisungen an Russen oder Ukrainer wären für Anwälte wie Fagan oder Witti eine brotlose Kunst.

1942 intervenierte Speer bei Hitler, um eine bessere Behandlung der Ostarbeiter zu erreichen. Aus Speers Niederschrift zitiert Historiker Ulrich Herbert: „Der Führer erklärt ganz eindeutig in längerer Ausführung, daß er mit der schlechten Ernährung der Russen nicht einverstanden sei. Die Russen müssen eine absolut ausreichende Ernährung erhalten, und Sauckel habe dafür zu sorgen, daß diese Ernährung nun sichergestellt wird. Der Führer wundert sich darüber, daß die Zivilrussen hinter Stacheldraht wie Kriegsgefangene behandelt werden. Ich erkläre ihm, daß dies auf eine Anordnung von ihm zurückzuführen sei. Der Führer weiß nichts von einer derartigen Anordnung."

Dieses Zitat ist auch deshalb so aufschlußreich, weil es zu erkennen gibt, daß sich mancher NS-Funktionär auf Hitler berief, ohne diesen tatsächlich eingeschaltet zu haben. Wer sich mit der Fremdarbeiter-Problematik intensiv befaßt, kann über das Neben- und Gegeneinander unterschiedlichster Vorstellungen in Partei und Regierung nur staunen. Heute würde man dazu „Pluralität" sagen, man könnte auch von Führungswirrwarr sprechen. Der „einheitliche Wille", der zur Konstruktion von Pauschalurteilen gern behauptet wird, ist ein Phantasieprodukt antideutscher Geschichtsschreibung. Im Dritten Reich gab es unterschiedlichste Denkweisen und Fraktionen. Schrecklicherweise setzten sich zu oft die falschen durch.

Fritz Sauckel, Thüringer Gauleiter und ab 1942 Generalbevollmächtigter für den Arbeitseinsatz, mühte sich im Spagat. Einerseits wollte

Fritz Sauckel (links), Generalbevollmächtigter für den Arbeitseinsatz, zusammen mit deutschen und französischen Verantwortlichen im Juni 1943 am Atlantikwall. Sauckel war hauptverantwortlich für Anwerbung und Einsatz ausländischer Arbeitskräfte.

und mußte er jenem Flügel Rechnung tragen, der „volkspolitisch" und „sicherheitspolizeilich" argumentierte und damit den Arbeitseifer der Fremdarbeiter eher dämpfte. Andererseits postulierte er im Superlativ: Durch „einwandfreieste, sauberste und gerechteste Grundsätze" gereiche der Ausländereinsatz „dem nationalsozialistischen Deutschland zur Ehre und muß außerdem für alle Zeiten als geschichtliche Großtat" gelten. Zu diesem Zweck wurden Löhne angehoben, Arbeitsbedingungen verbessert, Ausgehverbote aufgehoben und kulturelle Rahmenprogramme erstellt.

Angesichts heutiger Darstellungen berührt es eigentümlich, wenn man liest, wie Sauckel dem besorgten Frank zusagte, er werde es „zu verhindern wissen, daß der Arbeitseinsatz jemals ein Schandmal der deutschen Nation vor der Welt darstellt". Die Polen müßten im Reich gut behandelt werden, weil „die fremden Menschen für Gerechtigkeit ein absolutes Empfinden haben".

Je länger der Krieg dauerte, desto einsichtiger wurde die deutsche Führung. Es war Reichspropagandaminister Dr. Joseph Goebbels, der im Zuge des von ihm ausgerufenen „Totalen Krieges" die Ostvölker verstärkt einzubinden gedachte. Diese könne man für den antibolschewistischen Abwehrkampf aber nur durch eine sachgemäße und menschenwürdige Behandlung gewinnen. In Verhandlungen mit dem Reichssicherheitshauptamt und der Parteikanzlei setzte Goebbels – unter Berufung auf Hitler – im April 1943 ein „Merkblatt" durch, das die „allgemeinen Grundsätze für die Behandlung der im Reich tätigen ausländischen Arbeitskräfte" regelte. Es wurde bis Ende 1944, wie Professor Ulrich Herbert urteilt, zur Grundlage der NS-Ausländerpolitik.

Argumentativer Ausgangspunkt des Merkblattes war die These, daß der antibolschewistische Kampf des Reiches zunehmend eine Angelegenheit der „europäischen Solidarität" werde, deren „sichtbare, praktische Auswirkung... die Beschäftigung von Millionen ausländischer Arbeiter fast aller europäischen Staaten" sei. Sodann folgte eine indirekte Abkehr von rassischen Prämissen: „Dem Ziel, den Krieg siegreich zu beenden, hat sich alles unterzuordnen." (Ein Auftrag, der in der Hybris der ersten Kriegsjahre sträflich mißachtet wurde.)

Weil hier eben manches im Argen lag und einige NS-Funktionäre unangebrachten Hochmut an den Tag gelegt hatten, fährt das Merkblatt fort: „Jeder, auch der primitive Mensch hat ein feines Empfinden für Gerechtigkeit. Daher muß sich jede ungerechte Behandlung verheerend auswirken. Ungerechtigkeiten, Kränkungen, Schikanen, Mißhandlungen usw. müssen also unterbleiben. Die Anwendung der Prügelstrafe ist verboten."

Im einzelnen wurde angeordnet: berufsrichtiger Einsatz, keine stacheldrahtbewehrten Unterkünfte, warme Kleidung, ausreichende Verpflegung, wirksame gesundheitliche Fürsorge, seelsorgerische Betreuung, Freizeitangebote, Ausgehmöglichkeit an arbeitsfreien Tagen.

Wer gegen diese Anordnungen verstieß, sollte schwer bestraft werden, und zwar nicht nur unter dem Gesichtspunkt einer unpolitischen Straftat (z. B. Körperverletzung, Unterschlagung, Wucher), sondern womöglich auch unter dem der „Feindbegünstigung". Verfehlungen von Ausführungsorganen „werden so geahndet, als wäre die Tat Deutschen gegenüber begangen". Unterschiede zwischen Ost- und Westarbeitern wurden nicht mehr gemacht.

Diplom für verdiente Fremdarbeiter

Die Liberalisierung der NS-Ausländerpolitik hatte eher pragmatische als moralische Gründe. Doch dieser Einwand, so berechtigt er sein mag, ändert nichts daran, daß der Kurswechsel für die betroffenen Fremdarbeiter wichtige Verbesserungen mit sich brachte. Sauckel hielt nun sogar für besonders verdiente ausländische Arbeitnehmer die „Bronzene Verdienstmedaille zum Deutschen Adlerorden" bereit. Auch wurde beschlossen, daß Ausländer „nach 2- bzw. 5jähriger Bewährung im Arbeitseinsatz im Reich" durch ein „Diplom" auszuzeichnen seien. Sogar Eheschließungen – bis dahin ein Tabu – waren nun möglich.

Und wieder wurde in einem Erlaß hervorgehoben, was die New Yorker Anwälte heute so ungern hören: „Die im Reich eingesetzten Ostarbeiter und -arbeiterinnen haben durch Haltung und Leistung ihre Bereitwilligkeit zur Mitarbeit im Kampf gegen die jüdisch-bolschewistische Weltgefahr bewiesen."

Ulrich Herbert muß zugeben: „Die verschiedenen Reichsbehörden schienen schließlich geradezu darin zu wetteifern, in ihren Verordnungen immer großartigere Formulierungen für die Besserstellung der Ostarbeiter zu finden." Dies stieß bei der deutschen Bevölkerung nicht auf ungeteilten Beifall. Von Überprivilegierung war die Rede, zumal in den letzten Kriegsmonaten die Arbeitslust merklich zurückging. Schon im Herbst 1944 und erst recht 1945 bildeten sich kriminelle Ausländerbanden. Sie raubten und plünderten. Der Polizei war die Kontrolle kaum mehr möglich, zumal sich die alliierten Bombenangriffe bevorzugt auf Fabriken und Unterkünfte der Arbeiter richteten. Zigtausende starben. Die Überlebenden hatten plötzlich kein Dach mehr über dem Kopf. Auch ihre Arbeitsplätze waren zerstört. Da kam mancher auf krumme Gedanken.

Kaum hatten die Deutschen kapituliert, brach das totale Chaos aus. Millionen von Fremdarbeitern waren plötzlich sich selbst überlassen. In der Sprache der Alliierten hießen sie „Displaced Persons" (DP). Es bildeten sich, wie es in einem zeitgenössischen Bericht heißt, „wandernde Horden". Sie zogen marodierend durch Städte und Dörfer, überfielen abgelegene Weiler und Höfe, mordeten und vergewaltigten. Die Deutschen waren eingeschüchtert und wehrlos. Waffen durften sie nicht tragen. Es kam vor, daß sich beispielsweise französische Fremdarbeiter auf dem Land vor deutsche Frauen stellten, um sie vor enthemmten Ausländerbanden, meist Polen und Russen, zu schützen.

Herbert zitiert in seinem Fremdarbeiter-Buch einen US-Offizier: „Diese verdammten Polen! Kein Wunder, daß sie von den Deutschen so behandelt wurden. Ich erinnere mich nicht mehr, wie oft ich Offiziere der Militärregierung das habe sagen hören. Dieser Satz spiegelt das Denken einer beträchtlichen Anzahl von amerikanischen Offizieren."

Die Amerikaner waren nicht ahnungslos, haben sie doch solche DP's mit entsprechender Armbinde als Wachpersonal beschäftigt. Ein solcher polnischer Hiwi kontrollierte die Aktentasche meines Vaters und schüttete eine Flasche Milch auf die Erde aus, die Vater für uns Kinder von einem Bauern bekommen hatte. Dieselben DP's machten sich einen Spaß daraus, die Schwäne auf dem Weiher einzufangen und ihnen die Hälse herumzudrehen.

Schlägt man in den Archiven die damalige Presseberichterstattung nach, ist das Ausmaß der Ausländerkriminalität schockierend – und das trotz der Tatsache, daß die Zeitungen unter alliierter Zensur standen und ihre Herausgeber per Lizenz zum Wohlverhalten gezwungen waren. Unter den Tätern befanden sich auch ehemalige KZ-Häftlinge. Sie wollten nun Rache nehmen, wobei in der Auswahl der Opfer zwischen Schuldigen und Unschuldigen oft nicht unterschieden wurde. In den Konzentrationslagern hatten nicht nur politisch, rassisch oder religiös

Fremdarbeiterunterkünfte in Reislingen bei Wolfsburg

Verfolgte gesessen. Unter den Freigelassenen waren auch Asoziale und Verbrecher. Sie fielen in alte Gewohnheiten zurück.

Dieses Nachkriegskapitel ist nie auf gearbeitet worden. Bücher darüber fehlen. Die wissenschaftliche Forschung meidet das Thema. Es paßt weder in das Bild der „Befreiung" noch in die Schablone einer KZ- und Zwangsarbeiter-Geschichtsschreibung, deren Schuldzuweisungen höchst einseitig sind. Richtig aber ist, daß es Nationalsozialisten gab, die keiner Fliege etwas zu Leide getan haben, und daß es Antifaschisten gab, die schwerkriminell waren. Und umgekehrt. Persönliche Lauterkeit, Anstand und Moral waren und sind nicht an das Parteibuch gebunden. Sie finden sich auf allen Seiten – wie das Gegenteil auch. Deshalb ist jede Schwarzweißmalerei geschichtswidrig.

Bereits auf der Konferenz der alliierten Führer in Jalta war vertraglich vereinbart worden, alle sowjetischen Staatsangehörigen ausnahmslos möglichst schnell in die Heimat zurückzuschicken, zu „repatriieren", wie der technische Begriff dafür lautete. Ausnahmslos – das bedeutete: auch gegen den Willen der Betroffenen und notfalls mit Gewalt. Schon von daher, also nicht nur aus der Sicht der besiegten Deutschen, konnte von Befreiung keine Rede sein. Aus den „Zwangsarbeitern" wurden „Zwangsrepatriierte". Millionen von Menschen kamen vom (braunen) Regen in die (rote) Traufe. Über zwei Millionen DPs aus der UdSSR wurden bis Ende 1945 von den Westalliierten an die Sowjets überstellt. Auch dieses Zeitgeschichtskapitel harrt noch einer kompetenten Aufarbeitung. Fest steht, daß sich viele der Betroffenen gegen die Rückkehr in die Sowjetunion wehrten – ein Teil aus dem grundsätzlichen Streben, nicht wieder unter kommunistischer Diktatur leben zu wollen, ein anderer Teil außerdem, weil er freiwillig und bewußt auf deutscher Seite gekämpft und gearbeitet hatte. Für Stalin standen alle Rückkehrer unter Generalverdacht. Besonders traf es die Angehörigen jener Völker, die in großem Umfang den Einmarsch der deutschen Wehrmacht begrüßt hatten: Esten, Letten, Litauer, aber auch Ukrainer und kleinere Gruppen wie die Kosaken. Tödlich gefährdet waren die Angehörigen der Wlassow-Armee, die auf deutscher Seite gekämpft hatten. Ihre Offiziere, aber auch einfache Soldaten wurden kurzerhand hingerichtet.

In den DP-Lagern kam es zu schrecklichen Szenen: Selbstverstümmelungen und Massenselbstmorden. Ein amerikanischer Zeuge berichtete aus dem KZ Dachau, das die Sieger für ihre Zwecke umfunktioniert hatten: „Die GIs schnitten die meisten rasch los, die sich an den Deckenbalken erhängt hatten. Die, die noch bei Bewußtsein waren, schrien uns auf russisch an, deuteten dabei erst auf die Schußwaffen der Soldaten, dann auf sich selbst, und baten uns flehentlich, sie zu erschießen."

Es half nichts. Die Alliierten hatten nicht Krieg geführt, um das Grundrecht auf politisches Asyl durchzusetzen, schon gar nicht in Deutschland. Im Gegenteil. Westlicherseits fühlte man sich Stalin verpflichtet, und der hatte nur eines im Sinn: möglichst viele tatsächliche und potentielle Gegner zu eliminieren. Auf die zwangsweise Heimgeholten warteten Schnellgerichte, Folter, Galgen, Verbannung und Entrechtung. Dies galt zumindest für jene, die nachweislich aus freien Stücken zur Arbeit nach Deutschland gegangen waren oder sogar in deutscher Uniform gekämpft hatten.

Glücklicherweise waren beim Rückzug der Deutschen aus der Sowjetunion viele Akten vernichtet worden. Und die Personaldokumente deutscher Firmen konnten die Sowjets nur in ihrer eigenen Besatzungszone einsehen. Deshalb blieb in vielen Fällen unklar, ob sich jemand freiwillig oder zwangsweise nach Deutschland begeben hatte. Die Betroffenen erklärten sich zunächst natürlich alle zu „Zwangsarbeitern". Keiner legte Wert darauf, als Kollaborateur und „Verräter" sofort einen Kopf kürzer gemacht zu werden.

Dies galt nicht nur für sogenannte Sowjetbürger. Auch Polen und Tschechen, plötzlich wieder unter kommunistischer Knute, wollten von freiwilligen Hilfsdiensten auf deutscher Seite nichts mehr wissen. Bewerbungsschreiben und Arbeitsverträge wurden vernichtet. Man behielt allenfalls Dokumente, aus denen sich nichts Verfängliches ergab. Da die Heimkehrer froh waren, wenn ihr Einsatz in Deutschland nicht ausgeforscht wurde, blieb das Thema jahrzehntelang unter dem Teppich. Auch die Kommunisten wußten um den hohen Anteil an Freiwilligen. Das war peinlich und paßte nicht ins offiziöse Geschichtsbild. Selbst ein Nur-Hinweis auf Millionen von „Zwangsarbeitern" hätte unangenehme Fragen aufgeworfen, zum Beispiel, weshalb es denn in Deutschland keine Art Spartakusaufstand gegeben hatte; schließlich waren die deutschen Truppen frontgebunden und hätten nur schlecht eingreifen können (die Mühen, die es 1944 machte, den Warschauer Getto-Aufstand in wochenlangen erbitterten Kämpfen niederzuwerfen, lassen sich in der Kriegsliteratur nachlesen).

Erst nach dem Zusammenbruch des Sowjetblocks entdeckte man das so lange unterschlagene Thema. Nun war es mit keiner Gefahr mehr verbunden, über seine Zeit in Deutschland zu sprechen. Ob freiwillig oder erzwungen, diese Frage hatte jetzt nur noch rhetorische Bedeutung. Um deutsches „Gewissen" aufrütteln zu können, war es gleichwohl ratsam, sich weiterhin als verschleppt zu bezeichnen. Es hatte sich rasch herumgesprochen, daß die Deutschen nicht etwa ihre damaligen Freunde und Helfer im nachhinein mit einem Gehaltsaufschlag honorieren wollten. Nein, nur als NS-Opfer war und ist man für Politik und Medien in Deutschland interessant. Und damit auch hilfsbedürftig.

Verschwunden sind Berichte, wie gern sich ehemalige Fremdarbeiter an ihre Tätigkeit in Deutschland zurückerinnern. Die bi-nationalen Freundschaften, die sich dabei gebildet und teilweise die Jahrzehnte überdauert haben, passen nicht ins einseitige Propagandabild.

Heute gilt ein aus freien Stücken erfolgter Einsatz für Deutschland auch in Deutschland als politisch inkorrekt. Daraus folgt ein nicht minder kurioses Phänomen: Es findet sich kein freiwilliger Fremdarbeiter mehr. Sie alle waren erzwungenermaßen in Deutschland.

Und ein zweites Phänomen kommt hinzu: Kein Politiker, kein Journalist, kein Anwalt aus New York zweifelt daran. Keiner will die Wahrheit wissen. Niemand verlangt eine Prüfung.

Daraus ergibt sich eine wundersame Verschmelzung: NS-Opfer und NS-Hilfswillige sind nicht mehr zu unterscheiden. An der deutschen Wiedergutmachungskasse sind alle gleich.

Und sogar jüdische Anwälte und Verbandsfunktionäre aus den USA streiten dafür, daß entschädigt wird, wer damals für die Befreiung seiner Heimat vom „jüdisch-bolschewistischen Joch" kämpfte und arbeitete. Ob aus Überzeugung oder aus Zwang, ist egal.

Spätestens an diesem Punkt könnte der Verdacht aufkeimen, daß es dem einen oder anderen vielleicht doch nicht um einen altruistischen Akt der Gerechtigkeit geht, sondern um Honorare und finanzielle Begehrlichkeiten, bei denen die Geschichte des Zweiten Weltkriegs nur den Vorwand bildet. Doch auch hier darf man selbstverständlich nicht verallgemeinern.

Deutschlands damalige Freunde und Helfer haben nach 1945 in aller Regel nichts zu lachen gehabt. Sie wurden, wenn nicht gleich getötet, so doch verfolgt und benachteiligt. Vielen von ihnen erging es schlechter als den Deutschen selbst. Wenn diese Menschen jetzt Gelder aus der Bundesrepublik erhalten, dann liegt das auf der Linie einer nicht vergessenen Dankesschuld – auch wenn es seltsam berührt, daß sich hier erst US-jüdische Anwälte einschalten mußten.

Wer sich als Ausländer den Deutschen im Krieg freiwillig zur Verfügung stellte, verdient unseren Respekt und unsere Fürsorge. Man braucht es uns eigentlich nicht unter dem falschen Etikett einer Wiedergutmachung für „NS-Opfer" zu verkaufen (wobei unumstritten bleibt, daß viele Ausländer auch unfreiwillig in Deutschland arbeiteten).

Und wenn schon geklagt wird, weshalb nicht auch gegen Rußland und seine Industrie zur Entschädigung derer, die dort unter kommunistischer Herrschaft Zwangsarbeit leisten mußten? Einwand: Dort ist nichts zu holen. Mag sein. Aber es waren Amerikaner und Engländer, die 1945 Stalin die Opfer zulieferten. Wenn es deutscherseits ein Verbrechen war, Menschen zur Arbeit aus der Sowjetunion herauszuholen, war es dann kein Verbrechen, Menschen gegen ihren Willen an die UdSSR zur Zwangsarbeit auszuliefern?

Die Arbeit in Deutschland währte nur zwei bis drei Jahre, manchmal nur wenige Monate. Die Arbeit in Sibirien erstreckte sich über zehn, zwanzig, fünfundzwanzig Jahre. Wann zahlen Washington und London für ihre Mittäterschaft bei diesem Verbrechen?

Warum nicht gleich 180 Milliarden?

Mitte November 1999 sprang die Bremer „Stiftung für Sozialgeschichte des 20. Jahrhunderts" den US-jüdischen Wiedergutmachungs-

Auch osteuropäische Frauen meldeten sich freiwillig zur Arbeit in der deutschen Rüstungsindustrie.

anwälten bei. Zu diesem Zeitpunkt lag das bereits aufgestockte deutsche Zahlungsangebot bei acht Milliarden Mark (fünf Milliarden von der Wirtschaft, drei Milliarden aus dem Staatshaushalt). Nun aber kam Thomas Kuczynski von jener Bremer Stiftung und legte eine irrwitzige Rechnung vor. Danach wurden 15 Millionen Zwangsarbeitern nach heutigem Geldwert 180,5 Milliarden Mark an Lohn vorenthalten. So hoch müsse auch die Entschädigung sein.

Es lohnt sich, einen Blick in das dubiose „Gutachten" zu werfen (es wurde in der Süddeutschen Zeitung Nr. 265/99 auszugsweise veröffentlicht). Kuczynski muß zunächst einmal zugeben, daß die Fremdarbeiter keineswegs umsonst werkelten, sondern bezahlt wurden.

Warum also bald sechs Jahrzehnte später eine Entschädigung? Wofür? Kuczynskis Antwort: Die „Zwangsarbeiter" – er nennt auch die Freiwilligen so – hätten weniger verdient als der Durchschnitt ihrer deutschen Kollegen.

Wörtlich: „Aufgrund der Tatsache, daß deutsche Zivilarbeitskräfte im Durchschnitt Löhne erhielten, die um mehr als 27 Prozent über den Tarifen lagen, konnte man es sich durchaus leisten, ‚tarifgerecht' zu zahlen – und damit mehr als ein Fünftel der ursprünglichen Lohnsumme einbehalten. Allein auf diese Weise haben deutsche Industrieunternehmen über sieben Milliarden Mark als Gewinn verbuchen können."

Halten wir also fest: Die ausländischen Arbeitskräfte wurden nach Tarif bezahlt. Lediglich die Spanne zwischen Tarif und übertariflichem Durchschnitt steht zur Debatte. Aufgrund der einseitigen und unvollständigen Darstellung in den Medien glauben viele Bürger, die damals im Reich arbeitenden Ausländer hätten – außer vielleicht einem kleinen Taschengeld – gar nichts bekommen.

Bei Professor Ulrich Herbert („Fremdarbeiter") lesen wir konkrete Zahlen, Beispiel Krupp, Ende 1942:

„Im Durchschnitt zahlte Krupp folgende Monatslöhne: An deutsche Arbeiter 180,- RM, an Westarbeiter 165,25 RM (91 %), an männliche Ostarbeiter 73,25 RM (41 %), an weibliche Ostarbeiter 66,75 RM (37 %) und für Kriegsgefangene 121,50 RM (67,5 %).

Einzelfälle wichen vom Durchschnitt stark ab. Während zum Beispiel der französische Facharbeiter Blind Anfang 1943 250,90 RM brutto im Monat verdiente, kam sein Kollege, der französische Hilfsarbeiter Evrard, nur auf 98,80 RM. Der sowjetische Facharbeiter Sejakiw verdiente 118,20 RM, der sowjetische Hilfsarbeiter Dichtijaron 66,10 RM, der deutsche Facharbeiter Hartwig 378,40 RM, der deutsche Hilfsarbeiter Petrat 181,80 RM.

Teilweise verdienten also auch Deutsche weniger als ihre ausländischen Kollegen. Letztere wiederum wurden sehr unterschiedlich entlohnt, nämlich nach Alter, Qualifikation, Tätigkeit, Leistung (Akkord!), Länge der Betriebszugehörigkeit, eben nach ähnlichen Kriterien wie deutsche Belegschaftsangehörige.

Lohn unter dem Durchschnitt – ein Menschheitsverbrechen?

Daß Ausländer im Durchschnitt weniger Lohn erhielten, ist leicht zu erklären: Sie waren oft sehr jung, hatten kaum berufliche Erfahrung, mußten erst angelernt werden, sprachen schlecht deutsch. Die Vergleiche mit dem Durchschnittslohn der Deutschen hinken auch deshalb, weil große Teile der männlichen Bevölkerung beim Militär waren. In den Betrieben blieben hauptsächlich die älteren und wegen ihrer hohen Qualifikation unabkömmlichen Kollegen zurück. Diese mußten die Ausländer einarbeiten und anleiten. Natürlich verdienten sie besser als die Neuankömmlinge.

Überhaupt sind Durchschnittswerte unter den Sonderverhältnissen des Krieges anders zu deuten als zu Friedenszeiten. Damals war man allgemein der Auffassung, daß Glück hatte, wer nicht an die Front mußte. Doch auch die nicht eingezogenen Deutschen verloren Familienangehörige im Kampf. Die Regierung erntete keinen Widerspruch, als sie eine Art Arbeitsteilung geltend machte: Deutsche riskieren ihr Leben an der Front, um Europa gegen den Bolschewismus zu verteidigen. Deshalb hätten die keiner Wehrpflicht unterliegenden Angehörigen befreiter Völker die Ehrenpflicht, wenigstens ihre Arbeitskraft einzusetzen. Das sahen auch viele Ausländer so. Sie meldeten sich freiwillig und fügten sich zudem erschwerten Bedingungen, weil ihr Leben an einer deutschen Drehbank weniger bedroht war als beispielsweise in den fremdvölkischen Reihen der Waffen-SS oder in der Wlassow-Armee.

Auch darf nicht ganz vergessen werden, daß in Osteuropa damals (wie ja auch heute noch) die Löhne und der Lebensstandard weit unter deutschen Verhältnissen lagen. Die im Reich beschäftigten Fremdarbeiter hätten in ihrer Heimat nur einen Bruchteil verdient. Darin lag einer der Anreize, sich freiwillig zu melden. Viele waren stolz, den Daheimge-

130

bliebenen Monat für Monat etwas überweisen zu können, keine Vermögen, aber doch 10, 20 oder 30 Mark, was nach heutigem Wert soviel ist wie 100, 200 oder 300 Mark. Selbst 5 Mark (heute 50) waren für manche Familie in den unwirtlichen Weiten Rußlands ein beachtliches Zubrot.

Die Bundesbank sieht den RM:DM-Umrechnungskurs bei 1:6, den Lohnindex sogar bei 1:22. Wer 1941 etwa 200 Mark verdient hat, läge heute bei 4 800 Mark. Das ist wohlgemerkt die deutsche Gehaltsentwicklung. Im Verhältnis zu Polen oder Rußland ist die Mark um ein Mehrfaches stärker.

Alles das muß, ohne etwas beschönigen zu wollen, berücksichtigt werden. Krieg verschiebt die Beurteilungsmaßstäbe. Das eine oder andere, was aus heutiger Sicht schlimm und unerträglich scheint, war damals das kleinere Übel. Wohlgemerkt: ein Übel. Aber die Alternativaussichten waren oft noch unerfreulicher. Als für die deutschen Truppen in der Sowjetunion der Rückzug begann, schlossen sich ihnen russische Zivilisten in großer Zahl an. Sie wollten nicht wieder in die Hände der Kommunisten fallen. Im Vergleich zu diesen zwischen den Fronten herumirrenden, verzweifelten Menschen hatten es Arbeitskräfte bei Krupp um einiges leichter – wenn auch nicht so leicht, daß man es heute für unbeachtlich halten könnte. Es gilt nur, die damaligen Relationen nicht ganz aus den Augen zu verlieren.

Kuczynski untermauert seine 180-Milliarden-Forderung mit dem Satz: „Es geht nicht um die insgesamt aus Zwangsarbeit resultierenden Einnahmen und Gewinne, sondern allein um jene, die über denen lagen, die damals durch den Einsatz deutscher Zivilarbeitskräfte üblicherweise erzielt wurden... Vollkommen von irgendwelchen ‚moralischen Gesten' absehend, sei betont: Wären die Lohnkosten für Zwangsarbeitskräfte so hoch gewesen wie für die deutschen Zivilarbeitskräfte, so bestünde kein Entschädigungsanspruch."

Für diesen Hinweis muß man Kuczynski dankbar sein. Er erleichtert die Antwort. Zunächst einmal ist es reichlich zynisch, die außergewöhnlichen Anstrengungen einer im Krieg stehenden Nation nach kaufmännischen Gesichtspunkten zu bewerten. Es ging nicht um Unternehmensgewinne, sondern um die weit existentiellere Frage, wie der Krieg für Deutschland endet. Wir haben bekanntlich verloren. Sollten vorher irgendwelche Betriebsgewinne entstanden sein, so sind sie in Bombenhagel, Demontage, Patent-Diebstahl und Wegfall der Märkte gründlich untergepflügt worden.

Die Vorstellung, daß 1945 die deutsche Industrie kraft Zwangsarbeiter-Beschäftigung reich und blühend war, ist völlig absurd. Ein Blick auf die Bilder der zerstörten Städte und Fabriken genügt. Deutschland war ein einziges Trümmerfeld. Und etwaige finanzielle Rücklagen wurden von der Währungsreform aufgefressen. Nicht umsonst ist von der „Stunde Null" die Rede. Die Deutschen mußten ganz von vorne beginnen. Deshalb heißt es ja auch „Wirtschaftswunder". Der Welt erschien es als pures Wunder, wie ein besiegtes, entrechtetes und ausgeplündertes Volk in derart kurzer Zeit wieder auf die Beine zu kommen vermochte, und zwar ohne Zwangs- oder Gastarbeiter (letztere kamen erst, als alles wieder in Schuß war). Einzig deutsche Tüchtigkeit und Disziplin waren Grundlage jenes Wunders.

Wenn Kuczynski allein auf das Lohngefälle zwischen Ausländern und Einheimischen abhebt und darauf eine Nachforderung von 180 Milliarden Mark aufbaut, begibt er sich auf gefährliches Terrain. Statistisch nachweisbar ist es, daß auch die in den sechziger und siebziger Jahren hereingeholten Gastarbeiter im Durchschnitt weniger verdienten als die Deutschen. Auch hier lag der Unterschied, wie schon in den vierziger Jahren, an Alter, Ausbildung, Qualifikation und Tätigkeit. Müssen wir hier ebenfalls mit Entschädigungsforderungen rechnen?

Gewiß würde in einem solchen Fall die Freiwilligkeit genausowenig berücksichtigt werden wie bei den Fremdarbeitern des Zweiten Weltkriegs. Zwang läßt sich immer konstruieren, wie wir aus der Asyldebatte wissen. Für linke Gutmenschen ist nahezu jeder in Deutschland lebende Ausländer irgendwie ein Opfer, ein Flüchtling, ein Verfolgter, auf alle Fälle jemand, dem wir faulen Deutschen unseren Wohlstand zu verdanken haben, und sei es auch nur durch Ausbeutung der Dritten Welt. Lohnunterschiede sind aus solcher Sichtweise Kennzeichen der Sklaverei.

Kuczynskis Entschädigungslogik, mit Zins und Zinseszins unterfüttert, konterkariert allerdings den moralischen Aspekt, der von Politik und Medien so gern in den Vordergrund gehoben wird. Unter „Menschheitsverbrechen" (Sauckel wurde in Nürnberg immerhin hingerichtet) stellt man sich eigentlich etwas anderes vor als eine tarifliche Bezahlung, die nicht das ortsübliche Durchschnittsniveau erreicht. Wenn dies ein Grund für Wiedergutmachung ist, dann wäre eine Hälfte der Menschheit der anderen gegenüber in Schuld.

Vom Wert der Zahlen

Um den Unsinn zur Gänze hervortreten zu lassen, blenden wir noch einmal auf das Kruppsche Gehaltsbeispiel zurück. Der französische Facharbeiter Blind hatte einen höheren Lohn (250 RM) als der deutsche Hilfsarbeiter Petrat (181 RM). Das lag nicht an der Nationalität, sondern an der Qualifikation. Ist der Franzose nun in der Schuld des Deutschen? Nein, antwortet der gesunde Menschenverstand.

Wenn aber der Franzose durch seine höheren Bezüge nicht schuldig geworden ist, dann sind auch den Deutschen höhere Bezüge nicht vorzuhalten. Geradezu verrückt jedoch ist es, den deutschen Kleinverdiener Petrat sechzig Jahre später für den besser bezahlten Ausländer Blind zur Kasse zu bitten. Immerhin gehen die Wiedergutmachungszahlungen zu Lasten der Gemeinschaft, also auch zu Lasten derer, die damals – obwohl sie Deutsche waren – weniger verdienten als ein ausländischer Kollege.

Kuczynski wählt für seine abenteuerliche Rechnerei einen Umrechnungsfaktor von 1:11. Das ist in etwa die Mitte zwischen RM-DM-Kurs (1:6) und Lohnindex (1:22). Eine Mark damals: 11 Mark heute, meint der Bremer Rechenkünstler. So kommt er auf verzinste Staats- und Unternehmensgewinne von 180 Milliarden Mark, die sich daraus ergeben sollen, daß die ausländischen Arbeitnehmer in Deutschland unterdurchschnittlich verdienten.

Gut ist es, daß Kuczynski im Unterschied zu anderen nicht nebulös daherredet, sondern konkrete Zahlen sprechen läßt. Denn viele Bürger, insbesondere jüngere, messen ein Fremdarbeitergehalt von 100 oder 200 Reichsmark an gegenwärtigen Verhältnissen. Würden sie sich bewußt machen, daß es sich nach heutigem Wert um das Zehn-, jedenfalls Mehrfache handelt, dann bräche die Kampagne schlagartig in sich zusammen. Ein damaliges Gehalt, dessen Kaufkraft und Wert heute mit 1 000 oder 2 000 Mark zu veranschlagen wäre, mag nicht die Welt gewesen sein, es füllt aber kaum den Vorwurf der „Sklaverei" aus (dieser ist schon eher berechtigt, wenn man über KZ-Häftlinge und ihre Arbeitsbedingungen spricht – doch Differenzierungen zwischen den unterschiedlichen Gruppen werden kaum noch vorgenommen, außerdem ist KZ-Haft bereits anderweitig wiedergutgemacht worden). Bei Überweisungen eines Teils der Fremdarbeiter-Bezüge zum Beispiel nach Rußland oder in die Ukraine darf der Wert der Reichsmark gegenüber dem Rubel bzw. der Kriegswährung in den vom Kommunismus befreiten Ländern nicht außer acht gelassen werden. Was in Deutschland vielleicht kaum mehr als ein Taschengeld war, hatte in Minsk oder Lemberg eine ganz andere Kaufkraft.

Kurz und gut: Milchmädchenrechnungen, ob beschönigender oder dramatisierender Art, helfen in der Fremdarbeiter-Debatte nicht weiter. Damalige Zahlen müssen auf heutige Werte umgestellt werden. Ausserdem ist das europäische Währungsgefälle zwischen 1940 und 1945 einzubeziehen. Das wäre eine Aufgabe, an der sich Wirtschafts- und Finanzwissenschaftler des In- und Auslandes viele Jahre festbeißen könnten. Dergleichen wurde aber in den Verhandlungen zwischen den Forderungsstellern und den deutschen Vertretern nahezu völlig ausgeklammert.

Und noch eines wird heute gern außer acht gelassen: die Währungsreform von 1948. Hierzu gibt es ein wegweisendes Urteil des Landgerichts Braunschweig vom 20. Juni 1965 (Az. 13 C 566/64). Ein ehemaliger KZ-Häftling namens Adolf Diamant, der 1944 von Auschwitz nach Braunschweig kam, hatte die Lastwagenfirma Büssing auf vorenthaltenden Lohn verklagt; dieser war von der Firma direkt an die KZ-Lagerverwaltung gezahlt worden. Das Gericht entschied zugunsten Diamants, stellte dabei aber folgende Rechnung auf: Der Kläger hatte 1 778 Stunden gearbeitet. Den kriegsbedingten Lohn legte das Gericht auf RM 1,– fest. Der sich daraus ergebende Betrag von RM 1 778,– war nach dem Gesetz über die Währungsreform von 1948 im Verhältnis 10:1 umzurechnen. Adolf Diamant bekam deshalb DM 177,80.

15 Prozent Bearbeitungsgebühr?

Als wolle man die individuellen Schicksale verhöhnen, sprach man 1999 von einer Pro-Kopf-Entschädigung von 10 000 Mark. Nun waren aber manche Arbeiter vier bis fünf Jahre in Deutschland, andere nur einige Wochen oder Monate. Auch gab es beträchtliche Unterschiede in der Schwere und den Umständen der Arbeit, wie es ja auch die verschiedenen Lohngruppen belegen. Die undifferenzierte Betrachtungsweise ließ und läßt erkennen, wie wenig es um personenbezogene Gerechtigkeit geht. Zwar werden in der Medien-Berichterstattung immer wieder Einzelschicksale hervorgehoben. Aber in den Verhandlungen kamen sie praktisch gar nicht vor. Anwälten und Verbandsfunktionären ging es offenbar um möglichst hohe Pauschalbeträge ohne individuelle Prüfung.

Daraus errechnen sich dann Honorare und sonstige Vergütungen. In seiner Ausgabe Nr. 47/99 schrieb der „Spiegel", **„daß die Jewish Claims Conference für die Verteilung von Geldern in den USA üblicherweise 15 Prozent Bearbeitungsgebühr berechnet".** Bei zehn Milliarden Mark wären das allein 1,5 Milliarden Mark. Kurz darauf dementierte die Jewish Claims Conference die im „Spiegel" genannte Zahl und gab sich altruistisch. Die Anwälte bekommen in den USA üblicherweise „zwischen fünf und 17 Prozent", wie der Münchner Advokat Michael Witti in einem Interview zugab. Honorare und Gebühren sollen die Deutschen extra bezahlen.

Ob am Ende dann 10 000 Mark pro Kopf für den ehemaligen Fremdarbeiter im Osten übrigbleiben, darf mit Blick auf die bisherige Praxis bezweifelt werden. Jedoch wäre dieser Betrag eine ganze Menge an Gehalts-Nachzahlung, wenn man bedenkt, wie hoch heute Löhne und Renten in der ehemaligen Sowjetunion sind. Sie liegen irgendwo zwischen 20 und 200 Mark, je nach persönlicher Situation. Auf östliche Lebensverhältnisse umgelegt, sind 10 000 Mark leicht so viel wie

100 000 Mark in Deutschland. Sollte der Betrag ehemalige Fremd-
arbeiter tatsächlich erreichen, käme dies für die teilweise hochbetagten
Zahlungsempfänger einem Lottogewinn gleich. Und nicht nur für sie.
Im Alter sind die Lebensgewohnheiten meist festgefahren. Man hat
sich eingerichtet, hat keine Lust mehr für Saus und Braus. Plötzlicher
Reichtum kommt dann oft nur noch den Erben zugute.

Deutsche Erbschuld?

Apropos Erben: „Gutachter" Kuczynski bringt die Erbschaftssteuer ins
Spiel. Aus ihr, so sein Hinweis, könnten die Deutschen leicht 180
Milliarden Mark an ehemalige Fremdarbeiter abtreten. „Ist das bei diesem Erbe deutscher Geschichte schon zu viel verlangt?" Womit wir
dann buchstäblich wieder bei der Erbschuld wären. Junge Menschen,
die nichts verbrochen haben, sollen für die tatsächlichen oder auch nur
angenommenen Verfehlungen ihrer Altvorderen zahlen. Beschwichti-
gend heißt es hin und wieder, es gebe natürlich keine Kollektivschuld.
Statt dessen ist von Kollektivverantwortung die Rede. Der praktische
Unterschied? Keiner. Gezahlt werden muß so oder so.

Auf wie viele ehemalige Fremdarbeiter das Geld verteilt werden soll,
ist keineswegs sicher. Man stochert mit der Stange im historischen
Nebel. Verwirrend sind die Angaben zur Zahl der ausländischen Arbeitnehmer im Dritten Reich. Der Historiker Wolfgang Benz spricht
von 7,8 Millionen („100 Wörter des Jahrhunderts", Suhrkamp 1999).
Von „acht bis zehn Millionen" schrieb die „Süddeutsche Zeitung" in
ihrer Ausgabe Nr. 41/99. Das „Coburger Tageblatt" berichtete dagegen
am 1. 9. 1998: „Während des NS-Regimes hat es laut (US-Anwalt)
Fagan schätzungsweise zwei Millionen Zwangsarbeiter gegeben" (pro
Kopf seien mindestens 130 000 Mark zu zahlen!). In einem anderen
Blatt hieß es: „Von über 12 Millionen Zwangsarbeitern können sich
kaum noch 100 000 Überlebende auszahlen lassen" (Leipziger Volks-
zeitung, 4. 8. 98).

100 000 Überlebende? Günter Saathoff vom Bundesverband Beratung
und Information für NS-Verfolgte glaubt, daß noch bis zu zwei
Millionen frühere Zwangsarbeiter leben (SZ Nr. 41/99). Der Journalist

Mit der Währungsreform von 1948 (hier: Kopfquoten-Ausgabe) verloren die Deutschen große Teile des ersparten Vermögens. Diese Zäsur soll nur für Fremdarbeiter bei Lohnnachzahlungen keine Rolle spielen, meinen linke Rechenkünstler.

Hans Leyendecker: „Vermutlich gibt es bis zu 800 000 Überlebende" (SZ Nr. 37/99). Dazu „Die Welt" (17. 2. 99): „Im September 1944 arbeiteten 7,5 Millionen Fremdarbeiter und Kriegsgefangene in Deutschland. Davon kamen 2,8 Millionen aus der Sowjetunion und 1,5 Millionen aus Polen... Nach inoffiziellen Schätzungen leben heute in Mittel- und Osteuropa zwischen 600 000 und 800 000 ehemalige Zwangsarbeiter, in den USA sind es 80 000 bis 130 000."

Mit einer eigenen Zahl wartete auch der „Focus" (Nr. 51/98) auf: „Rund 500 000 noch lebende Zwangsarbeiter". Derselbe „Focus" dann ein paar Ausgaben später (Nr. 6/99): „In Polen leben insgesamt noch rund 700 000 der während des Krieges verschleppten drei Millionen Zwangsarbeiter."

Ein paar Hunderttausend mehr oder weniger – es kommt deutschen Politikern und Journalisten nicht darauf an. Bei NS-Opfern, so scheint es, darf munter fabuliert werden. Die Maximalangabe hat die beste Chance, sich schließlich als „historische Wahrheit" durchsetzen.

Am 28. 1. 1999 erschien in der deutschen Presse die dpa-Meldung: „Nach russischen Angaben wurden fast fünf Millionen Sowjetbürger vom Nazi-Regime zur Zwangsarbeit eingesetzt." Also fast doppelt so viele wie in dem schon zitierten „Welt"-Bericht, der sich damit einer NS-Verharmlosung schuldig gemacht haben könnte.

Auch über die Zahl der polnischen Anspruchsberechtigten gehen die Angaben weit auseinander. Karol Gawlowski, Vizepräsident der Warschauer „Vereinigung der durch das Dritte Reich geschädigten Polen", spricht von „etwa einer halben Million" noch lebender ehemaliger polnischer Zwangsarbeiter (epd, 22. 2. 99). In Polen lebten noch „300 000 frühere Zwangsarbeiter" meint dagegen der Vorsitzende der Stiftung „Deutsch-Polnische Versöhnung", Jacek Turczynski (SZ Nr. 41/98). Der „Spiegel" (Nr. 8/99): „In Polen leben heute nach offiziellen Angaben noch 460 000 ehemalige Zwangsarbeiter." In der SZ Nr. 18/99 dann die dpa-Meldung: „In Polen leben von ihnen (den ehemaligen Zwangsarbeitern) noch etwa 700 000."

Hundert Prozent mehr oder weniger – niemand fragt kritisch nach. Längst hat man sich auch daran gewöhnt, daß fast alle Zahlen „rund" sind, und zwar auf mindestens fünf Nullen. Es kann sich also nur um extrem grobe Schätzungen handeln. Ein solches Verfahren ist schon historiographisch unerträglich. Wenn damit aber auch noch finanzielle Forderungen begründet werden, stellt sich da oder dort die Frage nach möglichen Betrugsabsichten. Ein Staat, der es keinem seiner Bürger gestattet, auch nur 50 Mark Steuern zu hinterziehen, soll ohne präzise Angaben Milliarden-Ansprüche erfüllen?

Aus Prag meldet sich ein „Tschechischer Verband der Zwangsarbeiter". Sein Vorsitzender Karel Rudzicka spricht von „400 000 ehemaligen tschechischen Zwangsarbeitern", die angeblich noch leben und Ansprüche gegen Deutschland erheben (SZ Nr. 18/99). Oder war es nur ein Druckfehler? In der SZ Nr. 39/99 ist unter Berufung auf denselben Rudzicka „nur" noch von 40 000 Überlebenden die Rede. Insgesamt seien „500 000 bis 600 000" junger Tschechen in Deutschland zwangsverpflichtet gewesen.

Im „Spiegel" (Nr. 10/99) lesen wir: „2,5 Millionen Männer und Frauen aus der Ukraine waren von den Nazis verschleppt und zur Arbeit für die deutsche Kriegswirtschaft gezwungen worden." Davon sollen noch 650 000 leben. In ihrem Namen tritt jetzt der Berliner Rechtsanwalt Lothar de Maizière (CDU) auf, jener letzte Ministerpräsident der DDR, der sich schon 1990 mit der Idee zu Wort gemeldet hatte, daß die Bundesrepublik auch noch für die Versäumnisse des SED-Regimes mit Wiedergutmachungszahlungen für das NS-Unrecht einspringen soll.

Beweise für die so unterschiedlichen Zahlen werden weder vorgelegt noch verlangt. Und die deutsche Bundesregierung hält eine eigene Statistik für entbehrlich, obwohl sich aus den hiesigen Archiven wesentlich genauere Zahlen ermitteln ließen. Rechnet man zusammen, was aus den einzelnen osteuropäischen Ländern behauptet wird, kommt man auf eine Gesamtsumme, die weit über den Erkenntnissen deutscher Historiker liegt – auch jener Historiker, die sich noch nie um Entlastung bemüht haben.

Auffällig ist bei den vorstehend zitierten Zahlen auch, daß nur noch von Zwangsarbeitern die Rede ist. Wo bleiben die zahlreichen Freiwilligen? Hat man die einfach vereinnahmt, oder kommen die noch dazu? Dann freilich würden die Angaben einen weiteren gewaltigen Sprung nach oben machen – am Ende gar so hoch, daß halb Europa noch ausstehenden Lohn in Deutschland geltend machen könnte. Und zwar mit Zins und Zinseszins.

Kritische Stimmen

Kein Wunder, daß sich die kritischen Stimmen mehren. Der Historiker Dr. Albrecht Jebens meint:

„Sehen wir einmal davon ab, ob es 50 Jahre nach dem Krieg dem inneren und äußeren Frieden dient, wenn Firmeneigentümer, die größtenteils 1945 noch nicht geboren waren, nun um beträchtliche Summen

Deutsche Kriegsgefangene bei Zwangsarbeit in der UdSSR

erpreßt werden, so stellt sich doch vielmehr die Frage, warum weder Wirtschaft noch Politik nicht auch die viele Jahre dauernden Frondienste deutscher Gefangener in alliierten Gefangenenlagern zur Sprache bringen. So haben alleine in sowjetischen Lagern deutsche Kriegsgefangene über 10,3 Milliarden Arbeitsstunden geschuftet (P. Schmidt-Carell/G. Böddecker in ‚Die Gefangenen', S. 312). Kein deutscher Gefangener ist für seine Zwangsarbeit jemals bezahlt worden, ganz im Gegensatz zu den Fremdarbeitern im Reich, deren Löhne sich an denen der deutschen Industriearbeiter orientierten. Mehr noch: Unzählige ‚Plennys' sind durch Knochenarbeit für die Alliierten zu Tode geschunden worden. Wann wird man diese deutschen Opfer zur Kenntnis nehmen?"

In der FAZ vom 17. 8. 1998 erinnerte Dr. Erich Heyn an Versäumnisse der Bundesregierung:

„Während die Russen bei zwischenstaatlichen Verhandlungen wie letzthin über die Rückgabe der Beutekunst immer wieder auf die erlittenen, akribisch zusammengestellten immensen Kriegsschäden verweisen, hat man noch nie davon gehört, daß von deutscher Seite die geradezu unermeßlich großen Aufbauleistungen der Kriegsgefangenen und Zivilverschleppten sowie die völkerrechtswidrige lange Gefangenhaltung vorgebracht worden sind."

Als Zeitzeugin meldete sich Maria Pötsch (SZ, Nr. 71/99) zu Wort:

„Auch ich habe vier Jahre lang Zwangsarbeit in russischen Kohlegruben geleistet. Ich bin Deutsche aus dem ehemaligen Banat in Jugoslawien. Ich war 22 Jahre und meine Schwester 19 Jahre alt, als uns die Partisanen Weihnachten 1944 bei Nacht und Nebel abholten. Wir waren einige tausend junge Frauen zwischen 18 und 35 Jahren. Nach 21 Tagen in Viehwaggons gepfercht, sind wir dann in Rußland im Donezbecken angekommen. Da haben wir vier Jahre lang (einige sogar fünf Jahre) in der Kohlengrube unter Tage unter schwersten Bedingungen arbeiten müssen. Es gab nie genug zu essen, wir hatten immer Hunger. Viele sind in den ersten Jahren gestorben... Meine Schwester und ich sind im Oktober 1948 mit einem Krankentransport nach Deutschland gekommen. Nach Hause konnten wir nicht mehr, wir waren ja enteignet. Von wem können wir Entschädigung verlangen?"

Rechtsanwalt Dr. Franz-Josef Rinsche schrieb (FAZ, 8. 9. 98):

„Nach Kriegsende sind Tausende deutscher Kriegsgefangener in amerikanischen und französischen Lagern festgehalten worden, und zwar ohne jede kriegerische Notwendigkeit. Darüber hinaus sind Hunderttausende deutscher Kriegsgefangener in russischen Arbeitslagern geschunden worden. Wäre es nicht folgerichtig, daß die überlebenden Spätheimkehrer sowie die Angehörigen von zu Tode gekommenen deutschen Lagerinsassen gegen die Betreiber dieser Arbeitslager mit einer Sammelklage vorgehen?"

Von „mittelalterlichem Ablaßhandel" sprach der ehemalige rheinland-pfälzische Landesminister Professor Dr. Wolfgang Rumpf (FAZ, 29. 8. 98) und fügte bitter an:

„Ich sehe mich um mehr als vierzig Jahre meiner politischen Arbeit um den Ausgleich, die Wiedergutmachung und das Bekennen der historischen Schuld Deutschlands gegenüber dem jüdischen Volk betrogen. Es war manchmal schwer genug, dies der Kinder- und Enkelgeneration begreiflich zu machen und ins Gewissen zu reden. Die offenkundige Geldgier der Kläger läßt alte verkommene Klischees wiederaufleben, und ich würde mich nicht wundern, wenn dies wieder zu einem radikalen Pendelschlag ins Gegenteil beitrüge."

In der baden-württembergischen Tageszeitung „Südkurier" (Nr. 201/ 98) meinte Leitartikler Uli Fricker unter der Überschrift „Es reicht":

„Die Klagewelle weitet sich aus... Doch machen einige Ungereimtheiten stutzig. Sie zeigen, daß die Rechtsvertreter in erster Linie als Notar ihrer eigenen Interessen wirken. Was heißt hier eigentlich Sammelklage? Niemand weiß, wer und wieviel Kläger hinter dieser juristischen Mogelpackung eigentlich stehen... Oder wird hier ein Popanz aufgebaut, um aus gutverdienenden deutschen Unternehmen astronomische Summen zu erpressen. Die Lawine von Ansprüchen, mit der clevere Juristen europäische Konzerne überziehen, wird allmählich abstoßend. Mit der Entschädigung enttäuschter Opfer hat das nur mehr wenig zu tun."

Gottfried von Bismarck (SZ, 26. 3. 99) merkte an:

„Als 1949 laut Vereinbarung der Siegermächte alle Kriegsgefangenen entlassen werden mußten, hat Stalin – der sie als Arbeitskräfte behalten wollte – diese Vereinbarung dadurch unterlaufen, daß er etwa 25 000 deutsche Kriegsgefangene mit fiktiven Beschuldigungen zu Kriegsverbrechern erklären ließ, die dann zu pauschal 25 Jahren Zwangsarbeit verurteilt wurden...

Diejenigen, die inzwischen Anträge gestellt haben, sind von russischen Gerichten voll rehabilitiert worden, daß heißt, die Beschuldigungen und das Urteil wurden annuliert. Die wenigen noch lebenden Betroffenen haben in einem Schreiben an den Bundeskanzler eine angemessene Entschädigung für diese Jahre schwerster körperlicher Arbeit in russischen Straflagern gefordert. Sie erwarten von der Bundesre-

Prag 1945: Mit Hakenkreuzen bemalte Deutsche bei Zwangsarbeit auf offener Straße

gierung, daß sie auch ihre Ansprüche als berechtigt anerkennt und eine Gleichbehandlung mit den russischen Zwangsarbeitern durchsetzt."

Auf der Suche nach Mandanten

Die Entschädigungsforderungen ehemaliger Fremdarbeiter richten sich keineswegs nur gegen deutsche Firmen, obwohl man sich davon am meisten verspricht. Am 11. 3. 1999 berichtete die „Süddeutsche Zeitung" über eine Klage von 400 Ukrainern gegen das Nürnberger Rüstungsunternehmen Diehl: „Weitere Klagen wurden gegen BMW, Opel, VW und einen Landwirt angestrengt."

Gegen einen Landwirt! Vermutlich war auf dem Hof während des

Krieges ein ukrainischer Erntehelfer beschäftigt. Dafür sollen die Nachfahren des Bauern heute büßen. Zigtausende von deutschen Landwirten müssen mit ähnlichen Klagen rechnen, weil ihr Vater oder Großvater einen ausländischen Knecht beschäftigt hatte. 60 Prozent der polnischen Fremdarbeiter haben bei deutschen Bauern gearbeitet (SZ Nr. 41/99). Werden deren Kinder und Kindeskinder, von denen viele keine Landwirte mehr sind, nun allesamt zur Kasse gebeten? Muß gar der Deutsche Bauernverband Wiedergutmachung leisten? Nein, man wird sich wohl auf ein Verfahren einigen, daß solche Ansprüche aus der Staatskasse erfüllt, also von uns allen finanziert werden.

Es sind keineswegs nur amerikanisch-jüdische Anwälte, die hier ein weites Klagefeld erblicken. In dem zitierten SZ-Bericht heißt es: „Die jetzt gegen Diehl vorgehenden Ukrainer hat eine Anwaltskanzlei in Kiew ausfindig gemacht." Ausfindig gemacht! Mit anderen Worten: Findige Anwälte drängen einfachen Menschen in der Ukraine ein Mandat auf. Goldgräberstimmung! Über die Honorare liest man natürlich nichts. Beschworen wird statt dessen die „Moral".

Nach oben keine Grenzen

Diehl zahlte bislang an rund 150 jüdische Zwangsarbeiterinnen Beträge zwischen 5000 und 15 000 Mark. Auf freiwilliger Basis. Das nutzte aber wenig. „Die ukrainischen Zwangsarbeiter könnten etwa 30 000 Mark verlangen", schreibt die SZ. 30 000 Mark pro Kopf. Geht man davon aus, daß noch etwa eine Million ehemaliger Fremdarbeiter leben, kommt man auf 30 000 Millionen Mark! Nach oben – das lehrt die Erfahrung – sind praktisch keine Grenzen gesetzt. Selbst astronomische Zahlen werden von deutschen Medien wie ein Gottesurteil verkündet.

Zugleich ruft man nach einem Schlußstrich, wenn beispielsweise deutsche Vertriebene in Warschau oder Prag das ihnen geschehene Unrecht geltend machen. In solchen Fällen soll der Blick nach vorne gerichtet werden; eine Rückschau bringe nichts und schade nur der Aussöhnung. Zweierlei Recht – eines für die Sieger und ein anderes für die Besiegten – halten deutsche Politiker und Journalisten für das normalste der Welt.

Zwar heißt es in der Verfassung, daß vor dem Gesetz alle gleich sind und niemand wegen seiner Rasse oder Herkunft benachteiligt werden darf – aber an diesen Grundsatz läßt man sich ungern erinnern. Deutsche haben im Zweifelsfall stets ein minderes Recht.

Der Staatsminister im Auswärtigen Amt, Günter Verheugen (SPD), betonte im Februar 1999, die Bundesregierung werde im Zusammenhang mit der Vertreibung und Enteignung der Sudetendeutschen auch künftig keine Vermögensansprüche stellen. Geist und Buchstaben der deutsch-tschechischen Aussöhnungserklärung vom Januar 1997 ließen Wiedergutmachungsansprüche der Sudetendeutschen nicht zu. Höhnischerweise wurde noch hinzugefügt, daß es den Opfern ja unbenommen sei, bei tschechischen Gerichten, also bei der „Justiz" der Täter, zu klagen. Vergeblich weisen die Sudetendeutschen darauf hin, daß sie nach dem Krieg im tschechischen Machtbereich Zwangsarbeit verrichten mußten und daß Bankguthaben sowie anderes Eigentum völker- und menschenrechtswidrig einbehalten wurde.

Skandal eigener Art

Im Unterschied zu Deutschland, wo man nach 1945 alle NS-Unrechtsgesetze aufhob, gelten in den beiden Nachfolgestaaten der aufgelösten Tschechoslowakei, Tschechien und Slowakei, nach wie vor die sogenannten Benesch-Dekrete. Mit ihnen waren die Vertreibung, Ermordung und Ausraubung der Sudetendeutschen „legalisiert" worden. Die Ungeheuerlichkeit erschließt sich aus einer Vergleichsfrage: Was wohl würde die Welt sagen und tun, wenn hierzulande noch immer die Nürnberger Rassegesetze gültig wären?

Von der Rechtsungleichheit betroffen sind keineswegs nur die Vertriebenen. Auch für die deutsche Restbevölkerung in der Tschechei (ca. 75 000 Menschen) besteht die Enteignung fort, ohne Aussicht auf Entschädigung. Nicht einmal die tschechische Staatsangehörigkeit stellt diese Deutschen und „Altösterreicher" den Tschechen gleich. Wie unter solchen Umständen von Aussöhnung gesprochen werden kann, bleibt das Geheimnis von Politikern wie Verheugen. Der Staat Israel und die internationalen jüdischen Verbände würden andere Saiten aufziehen, wenn die jüdische Gemeinde in der Tschechei noch immer ähnlichem Unrecht wie die Deutschen ausgesetzt wäre. Es ist ein Skandal eigener Art, daß die Bundesregierung bei den Verhandlungen über die Aufnahme der Tschechei in die EU dieses Thema selbstverleugnerisch ausgeklammert hat.

Im Herbst 1999 sprach übrigens der US-jüdische Zwangsarbeiter-Anwalt Edward Fagan auf Einladung des Instituts für Politikwissenschaft an der Wiener Hauptuniversität. Nach seinem Vortrag wurde er aus dem Kreis der 300 Studenten coram publico gefragt, ob er auch als Anwalt für eine sudetendeutsche Klage gegen den tschechischen Staat zur Verfügung stehe. Fagan antwortete: Im Prinzip ja, er müsse erst noch zwei andere Fälle abschließen.

Von eigener Regierung im Stich gelassen?

Man wird sehen, ob dies nicht nur leere Rhetorik war. Für die Bundesregierung würde sich im Fall einer solchen Klage die Frage stellen, ob sie Fagan unterstützt oder nicht. Die US-Regierung hat in Sachen der osteuropäischen Fremdarbeiter keine Sekunde gezögert; sie machte sich, aus welchen Gründen auch immer, das Anliegen der Kläger zu eigen und setzte den NATO-Partner Deutschland unter Druck. Es wäre ein Treppenwitz der Geschichte, wenn die enteigneten und vertriebenen Sudetendeutschen von der eigenen Regierung im Stich gelassen würden und statt dessen US-Anwälte wie Fagan deren Interessen allein vertreten müßten.

„Im Gegensatz zu höchsten Volksvertretern hierzulande scheint Herr Fagan eine etwas feinere Differenzierung des historischen Sachverhalts vorzunehmen und einer Klassifizierung in Opfervolk und Tätervolk nicht zuzustimmen", schrieb nach dem Vortrag die österreichische Akademiker-Zeitschrift „Aula". Man wird sehen.

„Die Verwaltung der deutschen Schuld und die Pflege des deutschen Schuldbewußtseins sind ein Herrschaftsinstrument. Es liegt in der Hand aller, die Herrschaft über die Deutschen ausüben zu wollen, drinnen wie draußen."

Johannes Groß, Publizist

BUNDESKANZLERAMT

Bonn, den 28. Juni 1999
Telefon 02 28 / 56 - 2486
oder 02 28 / 56 0 (Vermittlung)

063 - K - 410 127/99/0001
(Geschäftszeichen bei Antwort bitte angeben)

An die
Lagergemeinschaft
ehemals Deportierter
des Lagers 1902 in Kimpersai
Herrn Dr. Manfred Peters

Sehr geehrter Herr Dr. Peters,

Bundesminister Hombach bedankt sich für Ihre Zuschrift vom 8. Mai 1999 zur Wiedergutmachung für die 1945 vom NKWD in die Sowjetunion zur Zwangsarbeit verschleppten Deutschen. Ich bin gebeten worden, Ihnen zu antworten.

Nach einem Bericht des Bundesarchivs vom 28. Mai 1974 mit dem Titel „Vertreibung und Vertreibungsverbrechen 1945 - 1948", herausgegeben von der Kulturstiftung der deutschen Vertriebenen, dürfte die „Anzahl der in die Sowjetunion als 'Reparationsverschleppte' sowie 'Vertragsumsiedler' verbrachten Deutschen aus den Gebieten östlich von Oder und Neiße ... mehr als 400 000 Menschen betragen haben". Der ganz überwiegende Teil dieser Personen dürfte in der ehemaligen UdSSR zur Zwangsarbeit herangezogen worden sein. Der größte Teil der Zwangsdeportierten hat die Internierung und die Lager nicht überlebt.

Der Bundesregierung ist bewußt, daß viele Deutsche während des Zweiten Weltkrieges und unmittelbar danach Opfer von Gewalt und Willkür durch fremde Mächte wurden. So groß dieses Unrecht auch war: Es hatte seine Wurzeln im NS-Unrecht. Die Bundesregierung hat nicht zuletzt auch deshalb davon abgesehen, Entschädigungsforderungen gegenüber diesen Staaten zu stellen. Die deutsche Nachkriegsgesetzgebung hat im Rahmen der Möglichkeiten Ausgleichsregelungen für die deutschen Opfer geschaffen.

Mit freundlichen Grüßen
Im Auftrag

Dr. Widmaier

147

Deutsche Zwangsarbeiter
in alliierten Lagern

Vorwürfe gegen die Sieger des Zweiten Weltkriegs werden ungern gehört. Schuldig, und zwar allein, sind nach gängiger Lesart die Besiegten. Daran hat sich im sechsten Jahrzehnt nach Kriegsende nur wenig geändert. Wer die geschichtsschreiberische Schlagseite auszugleichen versucht, steht als „Revisionist" am Pranger – womöglich als jemand, der den Nationalsozialismus wiederbeleben will.

Zur Abwehr unerwünschter Informationen über Verbrechen und Verfehlungen der Sieger heißt es besonders gern: Aufrechnung ist unstatthaft!

Das Verbot klingt nach höherer Moral und wird deshalb gar nicht erst kritisch hinterfragt. Aber: Warum ist Aufrechnung denn unstatthaft? Wer verfügt das? Wo liegen die Gründe?

Zunächst einmal ist nüchtern festzuhalten, daß die Sieger immer wieder und ungerügt Aufrechnung betreiben. Jeder Hinweis auf eines ihrer Verbrechen wird mit Hinweisen auf deutsche Schandtaten gekontert. Sagt man „Dresden", hört man „Coventry". Spricht man von der Vertreibung der Ostdeutschen, bekommt man die Vertreibung der Juden zur Antwort.

Aufrechnung ist also Brauch. Allerdings nur in einer Richtung.

Ginge es darum, das Leid der Opfer gewissermaßen wegzureden, wäre Aufrechnung in der Tat unstatthaft. Für keinen Getöteten, für keinen Verletzten ist es tröstlich, daß andere das gleiche Schicksal erlitten haben. Kein Mörder kann sich vor Gericht darauf hinausreden, daß er nicht der einzige ist.

Was aber passiert, wenn sich Menschen und Völker gegenseitig schä-

Zwangsarbeit in Paris: Deutsche Gefangene beim Straßenkehren (links). Heimkehr aus Rußland erst 1955: Deutscher Zwangsarbeiter bei der Ankunft in Friedland (rechts).

digen? Zählt dann nur das eine und nicht das andere? Hat der Sieger ein höheres Recht als der Besiegte?

11 bis 12 Millionen deutsche Zwangsarbeiter

Hier ist nicht der Platz für moral-philosophische Erörterungen. Die Forderungen, die sich an Deutschland richten, sind hauptsächlich finanzieller Natur. Das Wort „Entschädigungen" besagt, daß man Ausgleich für Schäden beansprucht. Ohne (Auf-)Rechnungen geht das nicht. Wenn sich die Leistungen von Ausländern in Deutschland auf Heller und Pfennig quantifizieren lassen, dann muß gleiches auch umgekehrt möglich sein: Welche Leistungen haben Deutsche im Ausland erbracht?

Dazu eine Vorbemerkung: Ein Teil der Fremdarbeiter in Deutschland war geworben worden, also freiwillig hier. Die Deutschen, die bei den Siegern arbeiten mußten, hatten sich dazu in keinem Fall freiwillig gemeldet. Sie wurden auch nicht nach Tarif bezahlt.

In dem Bericht der Wissenschaftlichen Kommission der Bundesregierung zur Geschichte der deutschen Kriegsgefangenen des Zweiten Weltkriegs heißt es:

„Elf bis zwölf Millionen deutsche Kriegsgefangene befanden sich von den Kriegsjahren bis zum Jahre 1956, als die letzten heimkehrten, im Gewahrsam von mindestens 20 Staaten. Vom Polarkreis bis zu den Tropen und rund um den Erdball gab es Lager, in denen sie festgehalten wurden. Es gibt in der Zeitgeschichte keine durch gleiche Merkmale und gleiches Schicksal ausgezeichnete menschliche Gruppe, die nach Menge und räumlicher Streuung mit den deutschen Kriegsgefangenen verglichen werden könnte. Ihre Geschichte ist außerordentlich."

Wir haben es demnach mit einer singulären Erscheinung zu tun. Wenn wir sie dennoch mit der Lage der Fremdarbeiter in Deutschland vergleichen, so soll das in keiner Richtung das Leid schmälern. Es soll nur deutlich werden, wie sehr sich andere Staaten und deren Wirtschaft an deutscher Arbeitskraft bereichert haben. Dafür wurde bis heute keine Entschädigung geleistet.

Besonders hart war das Schicksal deutscher Gefangener in der Sowjetunion. Die Wissenschaftliche Kommission der Bundesregierung hat errechnet, daß von diesen Gefangenen weit über zehn Milliarden Arbeitsstunden geleistet wurden. „Es muß mit Nachdruck darauf hingewiesen werden, daß es sich um absolute Mindestzahlen handelt." Nach anderen Berechnungen wird die Zahl doppelt so hoch angesetzt, so daß also um 20 Milliarden Arbeitsstunden von deutschen Kriegsgefangenen in der UdSSR geleistet wurden (Paul Carell / Günter Böddeker: Die Gefangenen, Ullstein 1980).

Solche abstrakten Zahlen werden erst im Vergleich so richtig aussagekräftig: Von der industriellen Arbeitnehmerschaft im Bundesland Nordrhein-Westfalen werden pro Jahr rund 4,6 Milliarden Arbeitsstunden erbracht. Die 20 Milliarden Arbeitsstunden der deutschen Gefangenen in der Sowjetunion entsprechen also vier bis fünf Jahren NRW-Arbeitsleistung. Wollten die Heimkehrer-Verbände dafür Entschädigung einfordern, kämen Beträge zusammen, die zumindest nicht unter den höchsten Nachforderungen für die in Deutschland beschäftigten Fremdarbeiter lägen.

Die deutschen Gefangenen schufteten in Wäldern und Bergwerken, auf Feldern und Großbaustellen, in Fabriken und beim Bahnbau. Die Arbeitsbedingungen waren unvorstellbar. Hunger, Kälte und daraus resultierende Krankheiten sorgten für eine hohe Sterblichkeit.

Ein Drittel starb

Der Historiker Paul Carell berichtet: „Die Gefangenen rührten bei sibirischer Kälte Beton, sie schleppten in glühender Hitze Steine – und der Zwang, die Norm zu erfüllen, trieb sie oft dazu, die Sicherheit bei der Arbeit zu mißachten. In Bergwerken, in denen die Deutschen schufteten, waren oft die Stollen nicht abgestützt. Maschinen ohne Schutzvorrichtungen zerschmetterten manchem Gefangenen die Knochen und rissen ihm Hand oder Arm ab. Gefangene vergifteten sich am Kohlendioxyd von Kalkbrennöfen. Sie stürzten aus den haushohen Wänden der Steinbrüche."

Nicht nur Männer, auch Frauen wurden zum Arbeiten in die Sowjetunion verschleppt: Rot-Kreuz-Schwestern und Wehrmachtshelferinnen hatten Unsägliches zu durchleiden. Von 20 000 weiblichen Gefangenen gingen rund 7 000 in den Lagern zugrunde, also fast ein Drittel. Bei den Männern das gleiche Bild: Von mehr als drei Millionen deutschen Kriegsgefangenen in sowjetischer Hand starben eine Million.

Neben diesen Kriegsgefangenen in der UdSSR gab es auch die Zivilverschleppten.

Der auf diesem Gebiet führende Statistiker Gerhard Reichling ermittelte schon 1986 in seinem Standardwerk („Die deutschen Vertriebenen in Zahlen, Teil 1: Umsiedler, Verschleppte, Vertriebene, Aussiedler

Ohne Urteil eingesperrt und deportiert

Günter Polster aus Neukirchen gehört zu den wenigen, die das Gulag überlebt haben

NEUKIRCHEN (WB). Willkürliche Verhaftungen und Inhaftierung ohne rechtskräftiges Urteil durch den Geheimdienst NKWD/MWD gehören zu den tragischsten Praktiken des sowjetischen Besatzungsregimes. Davon waren auch mehrere Hundert Menschen aus dem Chemnitzer Raum unmittelbar betroffen. Einer von ihnen war der ehemalige Neukirchner Günter Polster, der kürzlich aus eigenem Erleben über dieses vier Jahrzehnte während Tabu-Thema berichtete.

Günter Polster, Jahrgang 1928,

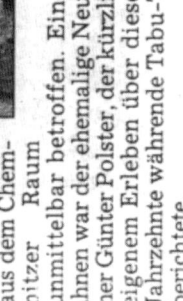

besuchte in Chemnitz die Handelsschule. In der NS-Jugendorganisation war er Fähnleinführer, eine der niedrigsten Funktionen. Mit 17 Jahren wurde er zum Volkssturm befohlen und war am Bau von Panzersperren beteiligt. Das war sein „Beitrag" am NS-Regime und am Krieg. Anfang März 1946 wurde er denunziert und am 21. März 1946 beschuldigt, den Aufbau der antifaschistisch-demokratischen Jugendorganisation FDJ zu sabotieren. – Beweis blieb der NKWD schuldig. Am 15. April 1946 in das NKWD/MWD-Speziallager Nr. 1 Mühlberg (Elbe) eingewiesen. Trotz einer Tbc-Infektion wurde Günter Polster für „gesund" erklärt, und am 8. Februar 1947 erfolgte seine Deportation zusammen mit 821 Kameraden in die UdSSR. Nach 33 Tagen in eiskalten Viehwaggons er-

reichte der Transport am 13. März 1947 das westsibirische Ansherosudschensk. Hier erfolgte die Unterbringung im MWD-Lager 526.

Damit begannen drei Jahre härtester Zwangsarbeit unter erbärmlichsten Lebensverhältnissen im Kohleschacht 9/15 sowie später noch auf Baustellen in Prokopjewsk und Nowokusnezk. Im Mai 1948 darf Günter Polster erstmals seiner Mutter in Neukirchen ein Lebenszeichen senden. Im April 1950 darf er schließlich nach Hause. Am 28. April 1950 wurde Günter Polster entlassen mit der strengsten Auflage, absolutes Stillschweigen zu wahren. Er entschied sich für die angestammte Heimat. Heute arbeitet Günter Polster, der inzwischen in Berlin lebt, engagiert dafür, die Wahrheit über die Vergangenheit ans Licht zu bringen.

1940–1985"), daß aus den deutschen Ostgebieten, Polen und Danzig 470 000, aus der Tschechoslowakei 30 000 und aus Südosteuropa rund 160 000 ansässige deutsche Zivilisten zur Zwangsarbeit in die Sowjetunion verschleppt wurden. Hinzuzuzählen sind 280 000 „repatriierte" – darunter 80 000 von den West-Alliierten ausgelieferte – Rußlanddeutsche, die im August 1941 wegen des schnellen deutschen Vormarsches nicht mehr von der geplanten Total-Deportation der rußlanddeutschen Bevölkerung erfaßt worden waren und sich bei Kriegsende in Deutschland oder sonstwo im von der Roten Armee besetzten Mitteleuropa befanden.

Reichling ermittelte, daß allein von diesen in die Sowjetunion deportierten deutschen Zwangsarbeitern bis 1950 etwa 370 000 (36 Prozent) umgekommen sind. 340 000 lebten zu diesem Zeitpunkt noch in den Verschleppungsgebieten.

Wie viele deutsche Zivilisten 1945 und in den folgenden Jahren in den einzelnen Vertreibungsgebieten an Ort und Stelle zur Zwangsarbeit, etwa in den oberschlesischen Kohlegruben oder den berüchtigten böhmischen Uranbergwerken, über verschieden lange Zeiträume eingesetzt wurden, läßt sich kaum noch zuverlässig ermitteln. Es müssen Hunderttausende gewesen sein.

Der Dresdner Historiker Klaus-Dieter Müller betont, daß der sowjetische Diktator Stalin bereits im Winter 1941/42, nach Auflösung der deutschen Wolgarepublik, befohlen hatte, mehrere hunderttausend Rußlanddeutsche nach Sibirien zu deportieren. Dort mußten die Verschleppten in sogenannten Arbeitsarmeen grobe Arbeiten in Wäldern und Bergwerken verrichten. Auch von diesen Menschen seien viele umgekommen, zumal die Wolgadeutschen von ihren sowjetischen Bewachern besonders drangsaliert worden seien. Müller sagt, die deutschen Zwangsarbeiter in der Sowjetunion seien „aus allen Gesetzen rausgefallen", was eine Entschädigung für die Schwerarbeit angehe. Es sei nie versucht worden, Verhandlungen zu deren Gunsten zu führen.

Auch in der DDR gab es noch viele Jahre nach Kriegsende Zwangsdeportationen in die UdSSR. Betroffen waren politische Oppositionelle. Diese Menschen wurden zumeist wenige Tage nach ihrer Verhaftung von den Deutschen an die Russen übergeben – entgegen Artikel 33 Absatz 2 der Verfassung der DDR, der besagte: „Kein Bürger der Deutschen Demokratischen Republik darf einer auswärtigen Macht ausgeliefert werden." Sowjetische Militärtribunale verurteilten sie nach dem Strafgesetzbuch der Russischen Sozialistischen Föderativen Sowjetrepublik (RSFSR) zu Freiheitsstrafen von zumeist 25 Jahren, die in Zwangsarbeitslagern der Sowjetunion zu verbüßen waren. Viele politische Gefangene wurden zum Tode verurteilt.

Die Betroffenen wurden in die unwirtlichen Gebiete, etwa nach Workuta, nördlich des Polarkreises, oder nach Taischet, verbracht, wo sie unter unmenschlichen Bedingungen und ohne Entgelt, zusammen mit politischen Gefangenen aus der gesamten Sowjetunion, schwerste köperliche Arbeit zu verrichten hatten. Ein Kontakt zur Heimat war untersagt. Inzwischen haben die Russen ihre Opfer auf Antrag rehabilitiert. Ein Wort des Bedauerns oder gar der Entschuldigung gab es nicht, von einer Entschädigung ganz zu schweigen. Es ist auch nicht bekannt, daß sich eine deutsche Bundesregierung bei den Russen für die Rechte dieser Menschen eingesetzt hätte.

Polnische KZ's

Am 12. 11. 1999 berichtete die „Süddeutsche Zeitung" über einen Prozeß in Krakau. Die Geschwister Adam und Irena Schubert fordern für sich und zwei Familienmitglieder umgerechnet je 100 000 Mark Entschädigung sowie die Anrechnung der Haftjahre auf ihre Rente. Zudem soll der polnische Staat per Gerichtsbeschluß verpflichtet werden, die Überstellung des früheren polnischen Lagerkommandanten Salomon Morel durch die israelischen Behörden energischer zu betreiben.

Die Familie Schubert, deutschstämmig, besaß vor dem Krieg die polnische Staatsangehörigkeit, hatte sich aber während des Krieges in die deutsche Volksliste eingetragen. Nach dem Rückzug der Wehrmacht wurden Volksdeutsche unabhängig von ihrer Haltung zum Nationalsozialismus (die Schuberts betrachteten sich als Gegner) verhaftet und in

Israel schützt KZ-Kommandanten

Salomon Morel (links) war Kommandant des Konzentrationslagers Schwientochlowitz in Oberschlesien. Unter rotpolnischer Herrschaft leisteten dort 1945 Tausende von Deutschen Zwangsarbeit. Täglich gab es 20 bis 30 Tote. Einige Dutzend Deutsche, darunter Frauen und Kinder, erschlug Morel eigenhändig. Als Anfang der 90er Jahre, nach dem Zusammenbruch des alten Regimes, die Staatsanwaltschaft Kattowitz zu ermitteln begann, setzte sich Morel 1993 nach Israel ab. Auf ein polnisches Auslieferungsverlangen reagierte das Justizministerium in Jerusalem 1998 ablehnend: Die Morel zur Last gelegten Verbrechen seien verjährt. Israel gab damit zu erkennen, daß es die Ausrottung von Deutschen nicht als Völkermord anerkennt – der nämlich unterliegt keiner Verjährung. Zugleich aber drängt Israel die Bundesrepublik Deutschland zur Fortsetzung der NS-Prozesse und zu neuen Wiedergutmachungszahlungen. ■

Konzentrationslager gebracht, in denen die Todesrate teilweise über 50 Prozent lag.

„Historiker schätzen die Zahl der Zwangsarbeiter in polnischen Lagern, unter ihnen viele deutsche Schlesier und Masuren, auf eine Million", teilte die Süddeutsche Zeitung ihren Lesern mit.

Adam Schubert wurde mit seiner Frau Zofia und der fünf Jahre alten Tochter sowie der Schwester Irena im Februar 1945 festgenommen und in das von Morel geleitete Lager Jaworzno gebracht. Erst im Juli 1947 kamen sie vor Gericht. Das Gericht befand, sie hätten mit der Eintra-

Zwangsarbeit für Schlesier

Ostdeutsche, die es 1945 nicht schafften, rechtzeitig vor der Roten Armee zu fliehen, wurden beraubt, vergewaltigt, ermordet, vertrieben – oder aber zur Zwangsarbeit eingesetzt. Die Zeitschrift „Der Schlesier" (19. 11. 99) schrieb: „Aus dem sowjetischen Machtbereich wurden etwa 750 000 Zivilisten zu jahrelanger Zwangsarbeit verschleppt." Zugleich dokumentierte das Blatt einen Befehl (Nr. 2) des sowjetischen Ortskommandanten in Oels:

Oels, den 12. Februar 1945

Laut Befehl des Frontoberkommandos wird die gesamte männliche Bevölkerung deutscher Volks- oder Staatsangehörigkeit zum Arbeitsdienst mobilisiert.

Hierzu befehle ich.

1. Die gesamte männliche Bevölkerung – Deutsche und deutsche Staatsangehörige/– im Alter von 17 bis 50 hat sich innerhalb 48 Stunden nach Veröffentlichung dieses Befehls bei der Einberufungsstelle in der Stadt Oels/Palast-Theater, Ohlauer Straße, zwecks Registrierung und gleichzeitiger Absendung[1]) zur Arbeit zu melden.

2. Alle Mobilisierten haben außer ihren Personalausweisen folgende Gegenstände mitzubringen: vollständige Winterkleidung und Schuhzeug, mindestens zwei Garnituren Unterwäsche, Bettzeug (Decke, Laken, Strohsack und Kopfkissen), persönliche Bedarfsartikel (Kochgeschirr, Eßbesteck usw.) sowie Verpflegung für mindestens zehn bis 15 Tage.[2])

3. Der Meldepflicht bei der Einberufungsstelle sind alle Deutschen und deutschen Staatsangehörigen männlichen Geschlechts der genannten Jahrgänge unterworfen.

Bei Nichtbefolgung dieses Befehls und nicht rechtzeitigem Erscheinen werden die Schuldigen zur Verantwortung gezogen und dem Kriegsgericht übergeben.

Der Ortskommandant

1) Absendung = Abtransport, Verschleppung.
2) Die „15 Tage" betrafen nur den Transport. Danach kamen oft Monate und Jahre.

gung in die deutsche Volksliste das polnische Volk verraten. Dagegen klagen die Schuberts. Denn das entsprechende Dekret wurde erst 1946 erlassen, drei Jahre nach dem angeblichen Verbrechen, ein Jahr nach der Festnahme. Irena Schubert berichtete der polnischen Presse, daß niemand aus ihrer Familie nazistisch gewesen sei. Andernfalls wäre die Familie, wie die Mehrzahl der Deutschen, im Winter 1944/45 vor der Roten Armee geflohen.

Es handelt sich um den ersten derartigen Prozeß in Polen und um die zweite Klage in dem Fall. Die erste wurde wegen Verjährung zurückgewiesen. Nun sagen die Anwälte der Familie, daß es sich um „Verbrechen gegen die Menschheit" handele, die nicht verjähren. Die Erfolgsaussichten werden aber als gering angesehen, ebenso wie es als unwahrscheinlich gilt, daß Morel von Israel ausgeliefert wird, wohin er sich 1993 nach einem ersten Verhör durch die polnische Staatsanwaltschaft abgesetzt hat.

Das Verhalten Polens ist aber nicht nur gegenüber den Deutschen skandalös. Warschau verweigert auch enteigneten Juden die Rückgabe ihres Eigentums. Nach 1945 hatte der rotpolnische Staat die während des Krieges deutscherseits eingezogenen jüdischen Immobilien einfach übernommen. Die Enteigneten leben heute zum Teil in den USA. Dort haben sie nun Sammelklage gegen Polen eingereicht. In Warschau sucht man noch nach einem gesetzgeberischen Dreh, wie man jüdischen Antragsteller entgegenkommen kann, ohne zugleich auch die vertriebenen Ostdeutschen entschädigen zu müssen. Das Problem der Rechtsgleichheit ist der Willkür einstweilen noch im Weg.

Im übrigen gibt es da noch ein polnisch-russisches Problem: Moskau ist nicht bereit, für Polen, die während des Zweiten Weltkrieges in der Sowjetunion Zwangsarbeit leisten mußten, auch nur einen Rubel Entschädigung zu zahlen. Dies bestätigten in Warschau russische Diplomaten, berichtete die Süddeutsche Zeitung am 17. 9. 1999.

In der polnischen Hauptstadt hieß es, daß Außenminister Geremek in Moskau Verhandlungen über die polnische Forderung vorgeschlagen hat. Doch habe die russische Seite jegliches Gespräch darüber abgelehnt. Nach Berechnungen Warschauer Historiker wurden in den ersten beiden Kriegsjahren zwischen 650 000 und 1,5 Millionen Einwohner des damaligen Ostpolen nach Sibirien und Kasachstan deportiert. Der nach dem Ende der kommunistischen Herrschaft gegründete „Verband der Sibirjaken" schätzt, daß von ihnen noch etwa 100 000 leben. Zu den damals Deportierten gehört auch der frühere Partei- und Staatschef Wojciech Jaruzelski.

Nach einer Erklärung des russischen Außenministeriums handelte es sich bei dem Einmarsch der Roten Armee in den Ostteil Polens 1939 nicht um eine Aggression. Russische Diplomaten beriefen sich auf eine Erklärung des Präsidenten Boris Jelzin, der 1993 erklärt hatte, daß das „demokratische Rußland" nicht für „stalinistische Verbrechen" verantwortlich sei. Polen ist auch mit Verweis auf Deutschland gegenteiliger Meinung.

Der Verband der polnischen Sibirjaken verlangt von der Regierung in Warschau für alle Deportierten, die älter als 80 Jahre alt sind, einen Vorschuß auf die Entschädigung in Höhe von 370 Mark. Die Regierung solle diese Summe von Moskau einfordern.

Profitierendes England

Aber nicht nur im Osten und auf dem Balkan legten sich deutsche Zwangsarbeiter krumm. Auch die Westalliierten nutzten die Chance, die Arbeitskraft der Besiegten auszubeuten – und zwar nicht nur im Krieg, sondern auch noch Jahre danach im Frieden. Die Wissenschaftliche Kommission der Bundesregierung hat den Arbeitsumfang deutscher Kriegsgefangener in Großbritannien ermittelt:

„Addieren wir die Quartalsergebnisse zusammen, so ergibt sich für den Zeitraum Anfang 1944 bis Mitte 1948 die beachtliche Zahl von mindestens 153 744 750 Arbeitstagen. Setzen wir schließlich die genannte Summe von über 153 Millionen Arbeitstagen in Arbeitsstunden um, wobei nur ein durchschnittlicher Achtstundentag in Anrechnung kommt, obwohl dieser in der Landwirtschaft oft nicht eingehalten werden konnte, so entfallen auf Kriegsgefangenenarbeit in Großbritannien

Zwangsarbeit auf englischen Feldern: deutsche Gefangene

insgesamt mindestens 1 229 958 000 Arbeitsstunden." Sprich: 1,23 Milliarden.

In den USA gab es 363 000 deutsche Gefangene. Sie waren auf 155 Haupt- und 760 Nebenlager verteilt. Die amerikanische Regierung bezifferte den Gewinn, den sie aus der Arbeit der Deutschen erzielte, auf mehr als 180 Millionen Dollar – nach damaligem Wert.

Kamen die Gefangenen abends von der Arbeit, wurden sie zur Krönung des Tages einer Gehirnwäsche ausgesetzt. Man nannte es „Re-education" (Umerziehung). Die Besiegten sollten die Standpunkte der Sieger übernehmen, ihre eigenen Positionen also aufgeben. Diese geistige Umpolung führte in den Lagern teilweise zu heftigem Streit. Einige waren bereit, ihre bisherigen Überzeugungen über Bord zu werfen, andere nicht. Wie auch in der Sowjetunion, wo das sogenannte National-komitee Freies Deutschland Anhänger für den Kommunismus zu rekrutieren versuchte, widerstanden die meisten Gefangenen dem „Verrat". Lieber ließ man sich weiter schikanieren, als den Lagerherren eine unterwürfige Haltung zu bieten.

Noch 1946 wurden mehr als 123 000 Deutsche von den USA an Großbritannien überstellt – zur Arbeit. Niemand fragte die Betroffenen um Einverständnis. Deutsche waren damals vogelfrei und konnten zwischen den Siegern hin- und hergeschoben werden. So befanden sich nach Kriegsende 1 065 000 deutsche Soldaten in französischer Hand. Allerdings war nur ein kleiner Teil von ihnen, nämlich 237 000 Mann, von französischen Exil-Streitkräften gefangengenommen worden. Den übergroßen Rest hatten die Amerikaner „exportiert". Die neue französische Regierung des Generals de Gaulle wollte ebenfalls von deutscher Zwangsarbeit profitieren: „Die Gefangenen sind für Frankreich eine lebenswichtige Notwendigkeit."

Ins Minenfeld getrieben

Es gereicht der Grand Nation nicht zur Ehre, was dann geschah: Deutsche Gefangene, obwohl dafür unausgebildet, wurden als Minensucher mißbraucht. Eine falsche Bewegung – und schon waren sie tot oder verstümmelt. In den Lagern ging es teilweise so schlimm zu wie in der Sowjetunion. In einer Denkschrift des Roten Kreuzes vom 21. August 1945 wurde nach einer Inspektionsreise festgehalten, daß das Leben von 200 000 deutschen Gefangenen durch Hunger unmittelbar gefährdet sei. 600 000 Gefangene hätten keine winterfeste Unterkunft. Ein Teil von ihnen wurde deshalb zu den Amerikanern zurückgebracht.

Carell: „Nahezu eine Million Mann jedoch blieben in den französischen Lagern, gezwungen zu jahrelanger Schwerarbeit im Lande des Siegers, im Steinbruch, Bergbau, Straßenbau, beim Bau von Talsperren und in der Landwirtschaft."

In einem Bericht des Internationalen Roten Kreuzes aus dem April 1946 heißt es über deutsche Zwangsarbeiter in französischen Bergwerken: „Einige Gefangene wurden gezwungen, 19 Stunden ununterbrochen zu arbeiten, ohne Nahrungsaufnahme und Ruhepausen."

Deutsche Zwangsarbeiter im französischen Lager Melun

Im Unterschied zur Lage der Fremdarbeiter in Deutschland kam es in Frankreich auch immer wieder zu Demütigungen aus der Bevölkerung. Paul Carell berichtet: „Die Gefangenen bei einem Arbeitskommando in Chablis mußten die Straßen der gesamten Stadt säubern. Und während sie Besen und Schaufel schwangen, kippten Einwohner Abortkübel in der Mitte der Straße aus." Deutsche Gefangene – das ist in Bild und Film festgehalten – wurden geschlagen und getreten.

Alles in allem haben die Deutschen während des Krieges und danach Zwangsarbeit in einem gewaltigen Umfang geleistet. Die Zahl der Betroffenen liegt nicht unter der Zahl der Ausländer in der deutschen Kriegswirtschaft. Auch der Arbeitsumfang hält jedem Vergleich stand. Man verharmlost nationalsozialistische Willkür und Verbrechen nicht, wenn man unter Berufung auf die einschlägigen wissenschaftlichen Untersuchungen festhält, daß Fremdarbeiter im Reich wenigstens im Rahmen eines Gesetz- und Tarifwesens eingesetzt wurden. Ihre Lage war nicht immer rosig. Es gab unentschuldbare Übergriffe fanatisierter NS-Funktionäre. Aber die Fremdarbeiter hatten auch vertragliche Zusicherungen und Ansprüche.

Im Reichsarbeitsblatt von 1942 hieß es:

„Ausländische Arbeiter und Angestellte unterliegen grundsätzlich der deutschen Krankenversicherung, Unfallversicherung und Rentenversicherung (Invalidenversicherung, Angestelltenversicherung, knappschaftliche Pensionsversicherung) in derselben Weise wie die vergleichbaren deutschen Arbeitskräfte.“

Den Familienangehörigen in den Herkunftsländern der Fremdarbeiter „werden im Falle ihrer Erkrankung oder ihrer Niederkunft bestimmte Familienhilfeleistungen auf Kosten der deutschen Krankenversicherung gewährt".

Welcher Familienangehörige eines deutschen Zwangsarbeiters im Ausland erhielt irgendwelche Leistungen aus sowjetischen, polnischen, tschechischen, englischen, amerikanischen oder französischen Renten-, Unfall- und Krankenversicherungen? Keiner. Die blanke Willkür regierte. Man mußte in Deutschland froh sein, wenn der Vater oder Bruder, die Mutter oder Schwester lebend aus der Gefangenschaft zurückkehrten.

Sich selber wiedergutgemacht

Die Besiegten waren gezwungen, sich untereinander zu „entschädigen". Man nannte es Lastenausgleich. Heimgekehrte deutsche Zwangsarbeiter erhielten kümmerliche 30 bzw. 60 Mark pro Arbeitsmonat vergütet. Die am Boden liegenden Deutschen mußten nicht nur sich selber „wiedergutmachen", sondern zugleich auch die Ansprüche der Sieger befriedigen. Diese Doppelbelastung war einzigartig, und sie wurde von einem amputierten und zerstückelten Land geschultert.

Dies festzustellen, soll keine Jammerei beinhalten. Wer Krieg führt, muß auch mit den Folgen fertigwerden, und die sind für den Besiegten stets schlimmer als für den Sieger. Aber wenn man den Deutschen bald 60 Jahre nach Kriegsende noch immer Rechnungen präsentiert und historische Schuld für erblich erklärt, dann ist es höchste Zeit, auch einmal die eigenen Leiden und Leistungen aufzuzeigen. Man mag dies „Aufrechnung" nennen. Es ist auf alle Fälle ein Beitrag zur historischen Wahrheit.

„Ich glaube, in der Bevölkerung ist ein Wunsch da, daß die Überkompensation aufhören soll, der negative Nationalismus, der den Deutschen einredet, sie seien für immer die Schurken der Welt."

Prof. Dr. Lutz Niethammer, Politologe

Amerikanische Internierungslager 1945 in Deutschland: Die Sterblichkeitsquote unter den deutschen Gefangenen war hoch. Heute spricht niemand mehr davon.

34 Monate Zwangsarbeit:
150 Mark Entschädigung

Rund zwölf Millionen Deutsche mußten für die Sieger Zwangsarbeit leisten, ohne dafür entlohnt zu werden. Erst am 30. 1. 1954 trat in der Bundesrepublik das Kriegsgefangenenentschädigungsgesetz in Kraft. In ihm findet allerdings der Zeitraum von der Gefangennahme bis zum 31. 12. 1946 keine Berücksichtigung. Für jeden ab dem 1. 1. 1947 in ausländischem Gewahrsam verbrachten Monat werden DM 30,– „vergütet". Ab 1. 1. 1949 bis 30. 11. 1955 verdoppelt sich dieser Betrag auf DM 60,–. Er wird, wohlgemerkt, nicht von den Profiteuren der Zwangsarbeit, also den Siegern und ihren Betrieben, gezahlt, sondern vom Volk der Opfer in Eigensolidarität selber aufgebracht. Was zum Beispiel würde Israel sagen, wenn man es aufforderte, jüdische NS-Zwangsarbeiter aus dem eigenen Staatshaushalt zu entschädigen? Der Historiker Dr. Fritz Scheunemann hat für die „Arbeitsgemeinschaft für Kameradenwerke und Traditionsverbände e.V." (Stuttgart) einige Entschädigungsbeispiele deutscher Opfer aufgelistet:

	Gefangenschaft	Halterland	Arbeit	Entschädigung
Kam. B.	Aug. 44 – Mai 47	UdSSR	Bergbau/Fabrik	DM 150,–
Kam. D.	Mai 45 – Juni 49	Polen	Kohlebergbau	DM 1.020,–
Kam. E.	Mai 45 – April 49	UdSSR	Rüstungsbetrieb	DM 960,–
Kam. F.	März 45 – Juni 1947	Frankreich	Karbidfabrik	–
Kam. K.	April 45 – Dez. 48	Frankreich	Alle Arbeiten	DM 660,–
Kam. K.	Mai 45 – Nov. 48	UdSSR	Ölschieferbau	DM 690,–
Kam. N.	Febr. 45 – Nov. 53	UdSSR	Untertagearbeit	DM 4.260,–
Kam. W.	April 45 – März 48	UdSSR	diverse Baustellen	DM 450,–

Als Mitteldeutschland 1990 der Bundesrepublik beitrat, beugte Bonn rasch vor: Deutsche Kriegsgefangene und Zwangsarbeiter, die in die DDR entlassen worden waren, sollten keine Entschädigung mehr bekommen. Dazu wurde am 21. 12. 1992 das „Gesetz zur Bereinigung von Kriegsfolgelasten" verabschiedet. In Artikel 5 hebt das neue Gesetz das alte Kriegsgefangenenentschädigungsgesetz auf. Die Heimkehrer in der SBZ (später: DDR) hatten nach ihrer Rückkunft lediglich 50 Mark Entlassungsgeld erhalten. Hoffnungen auf eine Gleichbehandlung nach der Wiedervereinigung erfüllten sich nicht. ■

Wo bleibt die Gerechtigkeit?

Stellungnahme von Professor Emil Schlee*)

1. Die in der Endphase dieses Jahrhunderts überschwappende Welle von Entschädigungsforderungen für Zwangsarbeit in Deutschland während des Zweiten Weltkrieges ist einerseits eine Folge des fehlenden Friedensvertrages mit Deutschland und andererseits ein Zeichen mangelnder Souveränität und rechtlich-historischer Verteidigungsfähigkeit.

2. Letztere ist ein Ergebnis der Umerziehung, ablesbar auch an der Einseitigkeit wissenschaftlicher Forschung, die sich im speziellen Fall vorwiegend mit den Zwangsarbeitsproblemen in Deutschland während des Dritten Reiches befaßt, jedoch kaum mit der nicht geringeren, in den Folgen eher schwerwiegenderen Problematik von Zwangsarbeit Deutscher im Ausland. Das sollte sich einsehbar ändern lassen!

3. Form, Umfang und Motivation dieser einseitigen und sich schnell ausbreitenden Forderungswelle gegen Deutschland auf zahlreichen Ebenen sind provokant, zumal die Staaten, aus denen die Antragsgruppen stammen, sich zum Teil nicht weniger rechtswidrig und skrupellos gegenüber deutschen Zwangsarbeitern verhielten.

4. Der ganze Vorgang gewinnt an Brisanz, wenn man bedenkt, daß dieses Deutschland nach der Kapitulation der deutschen Wehrmacht am 8./9. Mai 1945 bei Andauern des Kriegszustandes im Westen bis 1951 und im Osten bis 1955 in einmaliger und beispielloser Form von den Siegermächten ausgeplündert und ausgeraubt wurde, wie sich das Menschen der „Gnade der späten Geburt" kaum noch vorstellen können.

5. Hier sind im Sinne des Amtseides Art. 56 GG die höchsten Staatsdiener aufgefordert, Schaden vom deutschen Volk abzuwenden in gleicher Eilfertigkeit, wie sie bereit sind, ausländischen Forderungen zu entsprechen. Im Sinne der Forderung nach Gleichbehandlung deutscher Zwangsarbeiter sollten diese ebenfalls Sammelklagen gegen Arbeitgeber und Staaten einreichen! ■

---

*) Prof. Emil Schlee erlitt fünf Jahre sowjetischer Gefangenschaft. Der studierte Historiker und Sozialkundler war bis 1985 Landesbeauftragter für Vertriebene und Flüchtlinge im schleswig-holsteinischen Sozialministerium und von 1989 bis 1994 Abgeordneter des Europäischen Parlaments.

Mißbrauch und Betrug

Der Mißbrauch von Wiedergutmachung ist so alt wie die Wiedergutmachung selbst. Er kommt nicht zuletzt deshalb vor, weil Betrüger aus Erfahrung davon ausgehen, daß das NS-Trauma auch die Kontrollmechanismen des deutschen Steuerzahlers beeinträchtigt. Staatliche Stellen wagen kaum noch kritische Nachfragen. Die Angehörigen des „Tätervolkes" sind gegenüber den Angehörigen des „Opfervolkes" zutiefst verunsichert und gehemmt.

Außerdem: Was macht Kontrolle für einen Sinn, wenn es in den Statuten des Entschädigungsfonds für ehemalige Fremdarbeiter heißt: „Leistungen aus der Stiftung sollen Geschädigte erhalten, wenn sie aufgrund ihrer heutigen Lebenssituation bedürftig sind". Dazu genüge „in aller Regel die Selbsteinschätzung des Antragstellers" (Zitat aus Süddeutsche Zeitung Nr. 129/99).

Hand aufs Herz: Wer wird sich selber nicht als bedürftig einschätzen? Wer sagt nein, wenn ihm 10 000 Mark oder mehr als Geschenk angeboten werden?

Eine notfalls gerichtliche Überprüfung der Selbsteinschätzung ist nicht geplant. Also sind dem Mißbrauch von vornherein Tür und Tor geöffnet. Im übrigen: Wer es Betrügern so leicht macht, darf sich über deren Zugriff nicht beklagen. Ein sperrangelweit geöffneter Geldtresor braucht nicht aufgestemmt zu werden; keine Versicherung würde den Inhalt ersetzen.

Auerbach war der erste...

Die erste große Wiedergutmachungsaffäre ging schon gleich nach Gründung der Bundesrepublik über die Bühne: der Fall Auerbach.

Philipp Auerbach, 1906 in Hamburg geboren, 1933 nach Belgien emigriert, war Ende der vierziger, Anfang der fünfziger Jahre nicht nur der führende Kopf der Jüdischen Gemeinden in Bayern. Der eingeschriebene Sozialdemokrat hatte zugleich auch eine Offizialfunktion: als bayerischer Staatskommissar für rassisch, religiös und politisch Verfolgte. In dieser Eigenschaft war er einer der mächtigsten Männer des Landes. Er hatte Zugang zu den öffentlichen Geldtöpfen. Und dorthin konnte er auch Freunden den Weg öffnen.

Eine Strafkammer des Landgerichts München verurteilte Auerbach am 14. August 1952 nach fünfmonatiger Verhandlung zu zweieinhalb Jahren Gefängnis und zu einer Geldstrafe von 2 700 Mark. Der Vollstreckung entzog sich der 45jährige Staatskommissar durch Selbstmord mit einer Überdosis Schlaftabletten.

In der mehr als hundertseitigen Anklageschrift waren Auerbach, der auch als Präsident des Landesentschädigungsamtes schaltete und waltete, zahlreiche Delikte vorgeworfen worden: Erpressung, Untreue, Betrug, Bestechung, Abgabenüberhebung, Amtsunterschlagung, Angabe falscher Versicherung an Eides Statt und die unbefugte Führung eines akademischen Titels.

Der Prozeß fand in aufgehetzter Atmosphäre statt. Der Angeklagte und seine Freunde unterstellten der Justiz und der Öffentlichkeit antisemitische Tendenzen. In den linken „Frankfurter Heften", dem damaligen Zentralorgan der Umerziehung, hieß es 1952 allen Ernstes, die Deutschen hätten durch ihr NS-Engagement das Recht „verwirkt", über einen Juden zu richten. Deshalb sei es geboten, Auerbach nach der Gewährung eines Erholungsurlaubes an den Staat Israel zu überstellen.

Auerbach war 1940 schon von den belgischen Behörden verhaftet und nach Frankreich abgeschoben worden. Von dort lieferte man ihn im November 1942 nach Deutschland aus. Im Polizeigefängnis am Berliner Alexanderplatz fungierte er für rund ein Jahr als Dolmetscher in der Ausländerabteilung der Kriminalpolizei. Um die Jahreswende 1943/44 kam er ins Konzentrationslager Auschwitz, wo er, der gelernte Drogist, zunächst zur Schädlingsbekämpfung und dann zur Medikamentenversorgung der Häftlinge eingesetzt war. Nach der Auflösung

Philipp Auerbach **Ignatz Bubis**

des Lagers führte ihn der Weg ins KZ Groß-Rosen und schließlich nach Buchenwald. Dort befreiten ihn 1945 die Amerikaner.

Schon im September des gleichen Jahres hatte Auerbach einen Posten im Düsseldorfer Wiedergutmachungsamt ergattert. Aber nur für drei Monate. Dann wurde er wegen Illoyalität vom Dienst suspendiert. Das war kein Hindernis, um an die Spitze der jüdischen Kultusgemeinden in der britischen Besatzungszone zu kommen. Auf Vermittlung des bayerischen Ministerpräsidenten Wilhelm Hoegner (SPD) gelang Auerbach im Herbst 1946 die Übersiedlung nach München. Dort begann seine kurze, aber kometenhafte Karriere.

In seinem Abschiedsbrief verfluchte Auerbach alle Zeugen, die ihn belastet hatten: „Mein Blut komme auf das Haupt der Meineidigen!" Die Presse machte Andeutungen, daß der Kreis der Schuldigen größer und Auerbach deren Sündenbock gewesen sei. Bei der Beerdigung auf dem jüdischen Friedhof in München gerieten Polizei und Auerbach-Freunde aneinander. Das Handgemenge endete im Strahl eines Wasserwerfers, eine Szene, die man sich heute im deutsch-jüdischen Verhältnis kaum vorzustellen vermag. Ebensowenig ist heute noch ein deutscher Politiker wie Josef Müller („Ochsen-Sepp") denkbar, der seinerzeit öffentlich erklärte, er könne nicht zusehen, wie Bayern von einem „jüdischen König" regiert werde. Nach Müllers Erkenntnis waren im bayerischen Landesentschädigungsamt mit gefälschten Dokumenten rund 1,3 Millionen Mark an Wiedergutmachungsgeldern erschwindelt worden. Da Müller selber in einem NS-KZ gesessen hatte, konnte er sich deutliche Worte erlauben.

Der Coup des Werner Nachmann

Der nächste große Knall ereignete sich im Mai 1988. Werner Nachmann, der Vorgänger Heinz Galinskis und Ignatz Bubis' an der Spitze des Zentralrats der Juden in Deutschland, hatte in den Jahren 1982 bis 1988 rund 20 Millionen Mark aus deutschen Wiedergutmachungsgeldern unterschlagen. Erst nach seinem Tod Anfang 1988 flog die Gaunerei auf.

Nachmann, 1925 in Karlsruhe geboren, war 1938 mit seiner Familie nach Frankreich emigriert und wurde dort Mitglied der Resistance. 1945 kam er als französischer Feldwebel nach Deutschland zurück. Er sollte sich an der Umerziehung der Besiegten beteiligen. Das in den dreißiger Jahren „arisierte" väterliche Unternehmen, eine Lumpensortieranstalt, wurde zurückgegeben. Nachmann setzte die Arbeit fort, handelte mit Lumpen, Schrott und Antiquitäten. Gemeinsam mit einer Freundin gründete er „Yvonne-Moden", eine kleine Kette von Boutiquen. Er galt als wohlhabend. Die Bundesregierung hielt ihn für vertrauenswürdig, zumal er Mitglied der CDU war.

Über Jahre konnte Nachmann auf eigene Konten Gelder leiten, die eigentlich für NS-Opfer bestimmt waren. Bonn wagte keine Überprüfung, und im Zentralrat der Juden schien Kontrolle ebenfalls ein Fremdwort zu sein. Man schwamm in Hunderten von Millionen, so daß die Veruntreuung der Zinsen gar nicht auffiel. Freunde und Verwandte verwöhnte Nachmann mit großzügigen Zahlungen.

Wie leichtfertig deutsche Politiker daherreden, wurde bei Nachmanns Beerdigung deutlich. Der damalige Bundespräsident Richard von Weizsäcker, der wie kein zweiter opportunistische Floskeln bevorzugte, lobte in höchsten Tönen die „Bürgerverantwortung" des Verstorbenen. Und Bundeskanzler Helmut Kohl schwadronierte: „Werner Nachmann war ein engagierter Demokrat, ein deutscher Patriot und eine moralische Autorität." Er habe sich „um unser Vaterland verdient gemacht". Peinliche Betretenheit, als kurz darauf aufflog, daß es mit Moral und Patriotismus doch nicht so weit her war. Hätte man etwas weniger dick aufgetragen, wäre die Blamage nicht ganz so groß gewesen.

Ignatz Bubis – der „deutsche Patriot"

Als im Herbst 1999 Ignatz Bubis starb, riefen deutsche Politiker und Medien auch ihm den Doppel-Titel „deutscher Patriot" und „moralische Instanz" nach. Daß Bubis 1951 wegen diverser Betrügereien und Wirtschaftsverbrechen vom Landgericht Dresden zu 12 Jahren Zuchthaus verurteilt worden war, spielte in den hymnischen Nachbetrachtungen keine Rolle mehr. Immerhin erklärte der letzte Innenminister der „gewendeten" DDR, Rechtsanwalt Dr. Peter-Michael Distel, nach Sichtung der Prozeßakten, das Urteil gegen Bubis sei nach wie vor „rechtskräftig". Auch wenn ein bundesdeutsches Gericht das Urteil im nachhinein aufheben würde, hätte dies – so Distel – „keine das damalige Verhalten des Herrn Bubis vom Makel des Kriminellen befreiende Wirkung".

Dem schloß sich der deutsch-jüdische Historiker Prof. Dr. Michael Wolffsohn an: „Bubis wurde zu Recht verurteilt. Das bundesdeutsche Gericht hat ihn, trotz seines Antrags, bis zu seinem Tod nicht reingewaschen" (Neue Revue, Nr. 40/99). Entdeckt hatte das Dresdner Zuchthausurteil gegen Bubis 1993 der Europaabgeordnete Harald Neubauer. Er ist heute Mitherausgeber der in Coburg erscheinenden Monatszeitschrift „Nation & Europa".

Bubis hat auch gestanden, in den fünfziger Jahren große Mengen Goldes aus der Schweiz nach Deutschland geschmuggelt zu haben (Gold im heutigen Wert von rund zwei Milliarden Mark!). Keiner wagte die doch naheliegende Frage, wer die Vorbesitzer des Edelmetalls waren. Dabei sucht alle Welt angestrengt nach dem „Nazi"- bzw. „Judengold". Wo ist es geblieben? Natürlich kann man Bubis in diesem Fall ohne nähere Anhaltspunkte nichts unterstellen. Er hat in seinen Memoiren lediglich „illegale" Geschäfte mit Gold aus der Schweiz eingeräumt. Es berührt nur eigentümlich, daß hier niemand nachzuforschen wagt: keine Polizei, keine Historiker, keine Journalisten.

Überraschenderweise kam es dann bei der Bubis-Beerdigung in Tel Aviv zu einem Zwischenfall. Der 50jährige jüdische Geschäftsmann und Künstler Meir Mendelssohn spritzte schwarze Farbe auf den Leichnam. Zur Begründung führte er an, Bubis sei ein „Betrüger und Lügner" gewesen. „Er hat auf dem Schwarzmarkt gehandelt. Er hat Geld gestohlen. Er hat illegal gebaut. Er hat Gebäude zerstört, die sehr alt waren. Da er aber Jude war, konnte man niemals etwas sagen. Er hat sein Judentum zum eigenen Vorteil ausgenutzt, Bubis war ein schlechter Mensch." So zitierte es die Presse, ohne sich um den Wahrheitsgehalt dieser Behauptungen auch nur ansatzweise zu kümmern. Lediglich der schon erwähnte Historiker Michael Wolffsohn rief – vergeblich – nach Recherchen.

Der Grabschänder Mendelssohn wurde weder in Israel noch in Deutschland vor Gericht gestellt. Im Gegenteil. Noch im November 1999 trat er in einer Schlingensief-Inszenierung in der Berliner Volksbühne auf. Er animierte das Publikum, endlich auch einmal gegenüber Juden das gleiche kritische Bewußtsein zu entwickeln, das man gegenüber anderen Gruppen oder Einzelpersonen bei Bedarf pflege. Juden seien weder besser noch schlechter als andere; sie hätten einen Anspruch auf Gleichbehandlung.

Weshalb die deutsche Rentenkasse leer ist

Doch zurück zur Wiedergutmachungspraxis: In seiner Ausgabe Nr. 38/1999 berichtete der „Spiegel" in einem größeren Beitrag über „das Milliarden-Ding": Rund eine Milliarde Mark (= 1000 Millionen) aus der deutschen Rentenkasse, die als besondere Vergünstigung für israelische Antragsteller gedacht war, sei statt dessen auf Konten skrupelloser Geschäftemacher gelandet. Hintergrund des dubiosen Geldtransfers ist ein deutsch-israelisches Rentenabkommen, wonach sich seit 1980 israelische Rentner zu extrem günstigen Bedingungen rückwirkend in die deutsche Rentenkasse einkaufen konnten. Zu diesem Zweck fand in Israel – man glaubt es kaum – eine regelrechte Werbekampagne statt. Israelische Senioren erhielten Kredite, um sich bei der deutschen Bundesversicherungsanstalt für Angestellte (BfA) nachträglich einen Rentenanspruch zu verschaffen. Diese Kredite waren freilich mit hohen Zinsen und Gebühren belastet. Zur Sicherheit schwatzten die israelischen Kredithaie den Rentnern Lebensversicherungen auf und ließen sich zum Empfang der Renten bevollmächtigen. Zwei Drittel des Geldes landen seitdem bei eigens auf der Isle of Man gegründeten Firmen. Nur ein kleiner Teil der Zahlungen kommt bei den Rentnern an.

Es handelt sich um einen doppelten Skandal. Zum einen sind da die betrogenen israelischen Senioren. Zum anderen aber findet hier auch ein ungeheuerlicher Mißbrauch der deutschen Rentenversicherung statt. Am 12. Juni 1980 trat auf Beschluß des Deutschen Bundestages eine harmlos klingende „Vereinbarung zur Durchführung des Abkommens vom 17. Dezember 1973 zwischen der Bundesrepublik Deutschland und Israel über Soziale Sicherheit" in Kraft. Sie trug alle Anzeichen einer durch nichts gerechtfertigten, heimlichen Goodwill-Aktion für Israel. „Das sind versteckte Entschädigungsleistungen", sagt BfA-Direktor Klaus Michaelis heute.

Konkret: Israelis bekamen das Recht, sich rückwirkend vom 1. Januar 1956 bis zum 12. Juni 1980 in die deutsche Rentenkasse einzukaufen, und zwar zu extrem günstigen Bedingungen: Sie mußten nur die niedrigen Monatsbeiträge aus früheren Zeiten nachentrichten, bekamen die Rente aber auf dem Stand von heute. Dazu mußten die Antragsteller nicht einmal irgendwann in Deutschland gelebt oder unter dem NS-Regime gelitten haben. Auch Juden aus Osteuropa oder Einwanderer aus dem Jemen etwa konnten sich um deutsche Renten bewerben und sogar israelische Staatsbürger arabischer Abstammung.

Der „Spiegel" nennt das eine „noble Geste". Deutsche Politiker luden praktisch die Rentnerschaft eines fremden Staates ein, sich aus Deutschland mit üppigen Zusatzrenten zu versorgen. In der hiesigen Presse lief die Enthüllung unter der irreführenden Überschrift „Milliarden-Betrug an israelischen Rentnern". In erster Linie aber war es und ist es ein gigantischer Mißbrauch der deutschen Rentenkasse. Ihre Überstrapazierung wird heute mehr denn je beklagt, und man spricht dabei vom „demographischen Faktor" (zu viele Alte). Die Beiträge sollen steigen, die Renten von der Einkommensentwicklung abgekoppelt werden. Zugleich denkt man daran, die Lebensarbeitszeit noch weiter zu verlängern – für die Deutschen wohlgemerkt.

Solche Rentenleistungen tauchen bezeichnenderweise in keiner Wiedergutmachungsbilanz auf. Zynisch könnte man gegenfragen: Warum auch? Der Empfang der Zahlungen setzt keinen deutscherseits verursachten Schaden voraus. Insofern ist auch die Aussage des BfA-Direktors Klaus Michaelis falsch („Das sind versteckte Entschädigungsleistungen"). Nein, hier wird nichts entschädigt, hier werden ohne nachvollziehbaren Grund einer privilegierten Gruppe Vermögensvorteile zu Lasten des deutschen Beitragszahlers verschafft. Ein unglaublicher Skandal.

Unter den etwa 36 000 Israelis, die diese auf der Welt einzigartige Chance nutzen, befindet sich, wie die israelische Zeitung „Haaretz" berichtet, auch der israelische Arbeitsminister Israel Katz. Er hatte beim Abschluß des Renten-Abkommens seine Finger im Spiel.

Einen Monat vor der Enthüllung des „Spiegel" war noch etwas anderes herausgekommen. Die Deutsche-Presseagentur (dpa) meldete am 25. August 1999:

„Holocaust-Überlebende in Israel haben kritisiert, daß die israelischen Behörden eine von der deutschen Regierung gewährte Sonderrente von der Sozialhilfe abziehen. Die monatliche Zahlung von 500 Mark erhalten Opfer, die mindestens sechs Monate in einem Konzentrationslager oder 18 Monate in einem Getto zugebracht haben. Jitzhak Arzi von der Dachorganisation der Holocaust-Überlebenden sagte, in den vergangenen Tagen sei eine ‚Welle von Anrufen' eingegangen, in denen sich Opfer mit niedrigem Einkommen über diese Praxis beschwerten. Geringverdienende Israelis erhalten von der staatlichen Sozialversicherung eine Aufstockung ihres Gehalts auf 1 100 Mark. Wegen Sparzwangs rechnet die Behörde seit einiger Zeit auch die Sonderzuwendungen an, wie ein Sprecher der Sozialversicherung bestätigte. Das Gesetz läßt dies ausdrücklich zu. Etwa 24 000 Israelis erhalten die Sonderzahlung aus Deutschland."

Israel findet also nichts dabei, Holocaust-Opfern die Sozialrente zu kürzen. Man stelle sich den Aufschrei vor, wenn gleiches in Deutschland versucht würde. Mit seinem Verhalten entlastet Israel die eigenen Sozialkassen und läßt die Versorgung seiner Bürger wenigstens teilweise von den Deutschen finanzieren. Von Wiedergutmachung kann hier wohl kaum die Rede sein. Opfern das Geld zu nehmen, zeigt, wie wenig Respekt man vor ihnen hat.

Aus demselben Israel bekommen die Deutschen zu hören, sie sollten nun endlich „die Lage der Überlebenden wenigstens im hohen Alter verbessern". Eile sei geboten, um dem Tod dieser Menschen zuvorzukommen. Höchste moralische Ansprüche werden geltend gemacht. Schaut man dann näher hin, entdeckt man Mißstände und Mißbräuche wie die vorstehend aufgezeigten. Und die sind nach Einschätzung der Experten nur die Spitze des Eisbergs. Doch eine kritische Bestandsaufnahme des Gesamtkomplexes der Wiedergutmachung wagt niemand.

„Die Schweinerei stoppen"

Im Zusammenhang mit dem Literaturbetrug des Schweizer Autors Bruno Dössekker, der als angebliches KZ-Opfer „Binjamin Wilkomirski" eine erlogene Autobiographie („Bruchstücke") geschrieben hat, kam der in Zürich lebende jüdische Publizist Daniel Ganzfried auch noch anderen Gaunereien auf die Spur. Seine Forderung in „Focus", Nr. 44/1999:

„Die Schweinerei muß gestoppt werden, weil in ihrem Windschatten bereits weitere Falsifikate erfolgten. Da geht es auch um Geld. Es werden Gesuche an Holocaust-Fonds von Leuten geschrieben, die ihre Biographie fälschen."

Wilkomirski und Grabowski:

Erfundene KZ-Geschichten

Ende 1999 nahm der Jüdische Verlag (Suhrkamp) den Best-seller „Bruchstücke" vom Markt. Es hatte sich herausgestellt, daß der Autor „Binjamin Wilkomirski" in Wirklichkeit Bruno Doessekker heißt und entgegen seinen Erinnerungs-„Bruch-stücken" niemals im Konzentrationslager saß. Doessekker alias Wilkomirski ist Träger mehrerer Preise jüdischer Orga-nisationen. Entlarvt wurde er von dem schweizerisch-jüdi-schen Publizisten Daniel Ganzfried.

Letzterer hat in der „Weltwoche" (Nr. 44/99) einen weiteren Schwindel enthüllt: Beim Holocaust-Gedenktag 1998 gab der im Klarinettenspiel geübte „Wilkomirski" in der Synagoge von Los Angeles zusammen mit einer Pianistin namens Laura Gra-bowski ein Konzert. Beide fielen sich um den Hals, behaupte-ten, sich aus Auschwitz zu kennen.

Ganzfried fand anhand der Sozialversicherungsnummer her-aus, daß Grabowskis richtiger Name Lauren Stratford lautet, geborene Laurel Rose Willson. Die 1941 im US-Staat Washing-ton geborene Frau saß ebensowenig wie Doessekker in einem Konzentrationslager. Das hat sie aber nicht daran gehindert, aus dem Schweizer Holocaust-Fonds 502 Dollar „Entschädi-gung" zu kassieren. Später schöpfte sie noch einige jüdische Wohlfahrtsverbände ab. Der Jewish Family Service of Los Angeles überwies ihr mehr als 2000 Dollar.

Die phantasiebegabte Stratford hatte 1988 als Autorin des Bestsellers „Satan's Underground" Kindsmißbrauch und Teu-felsrituale geschildert, begangen an ihr und drei umgebrach-ten Kindern. Der Fall wurde von den Medien breit ausgewalzt – bis herauskam, daß alles nur frei erfunden war. Stratford tauchte unter und stand als „KZ-Überlebende" wieder auf.

Aufgrund solcher Erfahrungen fordert Ganzfried von den Ho-locaust-Fonds „seriöse Nachforschungen" über das tatsächli-che Lebensschicksal der Antragssteller. Naivere Beobachter waren bislang davon ausgegangen, daß es solche Prüfungen längst gibt. ∎

Personenverzeichnis

179

Erlogene Lebensgeschichten, gefälschte Biographien, unrechtmäßige Wiedergutmachungsanträge, mißbräuchliche Zahlungen – das alles ist nicht dazu angetan, die Vergangenheit seriös und vertrauenswürdig aufzuarbeiten. Wir alle sind von diesem Betrug betroffen, als Wahrheitssucher, als Steuer- und Beitragszahler, als Deutsche. Was aber besonders bedrückt: Auch die tatsächlichen NS-Opfer, an deren Leid nichts zu deuteln ist, werden von Gaunern und Geschäftemachern ins Zwielicht gerückt. Es ist ähnlich wie beim Asylproblem: Die wirklich Verfolgten erleiden durch den Mißbrauch eine fatale Rufschädigung; die Hilfsbereitschaft nimmt ab.

Den Opfern helfen, dem Mißbrauch wehren!

„So mancher spielt da mit Menschen, spielt mit dem Leiden", klagt Abraham Foxman, der Vorsitzende der jüdischen Anti-Defamation-League in New York. „Wir müssen vorsichtig sein, daß aus den Entschädigungsforderungen kein Business wird." Foxman hält die bisherige Form der Auseinandersetzung für falsch: „Das, was im Gedächtnis bleiben wird, ist: die Juden und ihr Geld."

Wem die deutsch-jüdische Aussöhnung am Herzen liegt, wird deshalb dreierlei sagen müssen:

● Ja zur Entschädigung derer, die als Verfolgte des NS-Regimes Schaden nachweislich erlitten haben und bislang leer ausgegangen sind (das werden nur noch wenige sein).

● Ja aber auch zur Entschädigung der Opfer alliierter Verbrechen während des Zweiten Weltkrieges und danach (das wären fast alle).

● Nein zu einer „Wiedergutmachung", die einseitig und undifferenziert den guten Willen des deutschen Volkes mißbraucht.

Personenverzeichnis